CHLOÉ WEGMANN

Mathieu FRANÇOIS DU BERTRAND

Chloé WEGMANN

Editions Bénévent

Du même auteur :

POÈMES : « Chansons pour les plus hautes tours »
III. Les Roses noires, *éditions Bénévent*, 2003

JOURNAL : « 10-01-85-1 ou la mort du peintre »
I. Le Beau Danube bleu (Journal 2003) (à paraître)

envois de manuscrits :
Editions Bénévent — B.P. 4049 — 06301 Nice Cedex 4

à elle

est-ce l'heure ou la tristesse, une femme
à laquelle il est absolument inutile de parler.
Une étrangère ? Il n'y a pas besoin de langage
entre un homme et une femme. Mais celle-ci, ce
n'est pas la parole qui lui manque. C'est d'être.
Ce n'est pas une femme, c'est l'absence. Inutile de
lui sourire. Elle est ailleurs, elle est d'ailleurs, la fin
muette de la nuit...

Aragon

Avertissement

La lecture de ce livre peut se faire linéairement, au risque de ne saisir que des morceaux, voire des morceaux de morceaux de phrases. Il est à déduire que la lecture la plus « simple » de ce livre est de suivre une phrase avec une police d'écriture définie (par exemple une phrase en *Italiques*), quitte ensuite à revenir à la page commencée naguère, et dont la lecture était depuis inachevée. Signalons aussi au lecteur qu'il n'existe ni de majuscules ni de points en fin de phrases, et donc que la phrase n'a ici une valeur que très relative, puisque les « phrases » se reprennent les unes aux autres.

La Vue (en caractères normaux) : « je regardais la jeune fille… »

Le Toucher (en MAJUSCULES) : « JE CARESSAIS LA JEUNE FILLE… »

L'Odorat (en souligné) : « je sentais la jeune fille… »

L'Ouïe (en *italiques*) : « *j'entendais la jeune fille…* »

Le Goût (en **gras**) : « **j'embrassais la jeune fille…** »

je regardais la jeune fille
elle était à quelques mètres de moi, à regarder l'eau qui coulait entre les pierres
elle était accroupie et regardait rêveusement les maigres flots du ruisseau qui chantaient
parfois, elle trempait sa main et soulevait sur ses doigts quelques gouttes qu'elle jetait à son cou
je regardais la jeune fille
fixement
elle avait deviné que je la regardais et elle me sourit
moi, je restais assis sur la grosse racine de l'arbre arraché, au-dessus de l'eau, au-dessus de l'heure, perdu dans ces réflexions qui ne me renvoyaient, lorsque je me penchais en avant, qu'un insolent reflet de ma tête, et qui, en un instant vécu dans la contemplation, me racontaient un livre que j'eus soudainement envie d'écrire, plus que tout : l'histoire de la jeune fille, celle qui était juste à côté de moi
je m'approchai d'elle, et comme elle vit que je lui tendis mes deux mains avec insistance, elle les prit
je regardai la jeune fille dans les yeux et l'enlevai de ce qu'elle pensait afin de lui faire part de mon intention et d'attendre son choix, qui sera l'un des plus déterminant de sa vie, et qui fixera son nom et sa voix
« Chloé, lui ai-je dis, puis-je écrire un roman sur vous ? »
elle me regarda avec un léger sourire
elle était belle dans les dernières lumières du soir
et je le pensais en imaginant la beauté de tant de fenêtres ouvertes, lorsque les mondes et les saisons y passent à travers, et que les cadres, au-dessus des creux, des effritements, des trous, cernent des limites qui en sont bien loin, et que l'image persiste, quand bien même aurait-on

fermés des volets, et que la nuit venue renvoyait au statut de tableaux et d'abîmes

« si tu veux, a-t-elle dit, si tu veux… »

j'avais espéré qu'elle accepte, et j'étais heureux à entendre, à l'instant même, ce qu'elle m'avait dit

et ainsi la fenêtre que je regardais depuis longtemps allait rester ouverte : nous étions en été

Chloé y viendrait, elle poserait ses mains sur le rebord et regarderait, elle aussi, l'enclave parmi l'enclave, le regard parmi la fenêtre et la phrase comme seule échappée possible, ces phrases, les siennes, dont je me souvenais déjà, et que la lecture me redonnait, au-dessus de ma propre écriture, lentement

elle me dit qu'elle tombait de sommeil et je lui proposai de la tenir dans mes bras

elle le voulut bien et nous nous serrâmes au bord du ruisseau, manifestement seuls, car il était possible que la phrase nous avait suivis jusque là

j'entendais la **j'embrassais** *jeune fille*

j'entendais la fenêtre que je venais d'ouvrir, car les bords du vieux bois se frottaient contre le cadre

les jours où elle était triste, Chloé écoutait les Requiem de Mozart

un homme tient en lui l'essence de la femme qui le tient

cette femme est celle qu'il contemple avec *je restais avec elle ; et elle riait, de ces rires que l'on entendait à* **la** *peine et qui ne s'entendaient plus pour peu que l'on rît aussi* les jours et les nuits, l'inconscient et le rêve

il garde en lui *un soir, c'est avec l'hymne de ce livre, « Cavalleria Rusticana » de Mascagni, que je commençais la nuit au château, et que je commençais, puisque j'aimais comme* cette **jeune fille** autre vie immuable, sa *un enfant, éperdument, avec* vérité est la sienne :

elles se confondent comme en une seule phrase

un oubli de la fin, une faim sans oubli sa morale est celle de son désir

sa philosophie est celle de la lire :

l'homme voudrait la lire lorsqu'il cesse de comprendre la femme

nous nous embrassâmes la première fois sous cette nuit de nuages, le jour même où je décidai d'écrire ce livre

durant quelques instants, après avoir cessé de l'embrasser, je sentais encore ses lèvres sur les miennes
elle reste là pour lui et *et que je considérais avec sérénité, dans la contemplation* révèle au monde sa présence
elle n'est jamais et ne fait que paraître JE CARESSAIS LA JEUNE FILLE
ELLE ÉTAIT TOUJOURS *la contemplation était sage et pourtant elle n'appartenait à la raison, car Chloé s'était imposée à mes sens sans que je le veuille particulièrement, dans un moment de parfaite contingence mais en écoutant « Cavalleria rusticana », pour mon premier soir au château, je tournais sur moi-même en laissant mes bras fendre l'air, et en regardant ma main, que j'ouvrais volontiers vers moi, comme si Chloé allait la saisir* DANS MES BRAS, À REGARDER L'EAU QUI COULAIT ENTRE LES PIERRES ; JE LA SERRAIS, MAIS je sentais la *c'était un manège de livres, et je tournais de plus en plus vite les lampes et la bibliothèque en était le fond, si bien que j'avais vite fait de croire qu'il n'y en avait, non pas des milliers, mais bien des millions, des rangées pleines qui s'élevaient dans toutes les directions, et des rangées pleines, aussi, comme autant d'instants vécus dans les vertiges de la lecture, la métamorphose du Temps déployé tel quel : un labyrinthe déroulé sur une ligne* jeune fille
je sentais en elle l'été qui s'abattait sur ma peau
je sentais sur elle cette passion qui
rien ne précède Chloé et rien ne la succède : elle n'est qu'une apparence qui serait peut-être sa devise
elle n'est ni une convention ni un hasard, car ses gestes se créent dans un sens donné et lyrique, et à cela ne tient aucun mode de présence me prenait et que je ne considérais jamais que sur elle, au moment où je le sentais, à l'instant où je le vivais, à la seconde même où j'enfonçais mon visage dans ses cheveux et que je sentais, et que je me sentais ébloui JE NE POUVAIS SAVOIR SI ELLE FERMAIT LES YEUX
MOI, JE NE *« un jour, tu ne parleras plus, et je ne t'aurai même pas assez entendu »*
au moment où la symphonie s'arrêta, j'avais tellement tourné, et avais tellement entendu cette musique, que je tombais sur le sol
mon esprit ne s'était pas encore remis du manège et j'entendais les

derniers sons avec un écrasement au fond de l'esprit et sur le corps, un écrasement comme un tremblement de la terre qui m'aurait imposé la chute LES FERMAIS PAS

UNE FEMME EST POUR L'HOMME LE PREMIER ET LE DERNIER POINT DE RÉALITÉ

IL VENAIT AU MONDE ET TOUCHAIT LA FEMME

PARFOIS, IL LUI DONNAIT UN BAISER

SOUVENT je sentais la jeune fille, IL LUI FAISAIT LA BISE

elle reste là, l'histoire de la Femme, à ses yeux la plus belle et curieusement l'homme aurait oublié l'Histoire pour elle

quel est ce monde, si ce n'est pas le mien, et si ce n'est celui d'aucun homme

quel est ce monde, s'il

ne me reste que l'impuissance et le regret de ne pouvoir entrer dans l'écriture que je faisais de lui, l'hymne à la Femme

l'image s'imprègne de la mémoire : elle se fait elle-même écriture

et moi, je parlais de ce degré que j'avais atteint quelquefois, et que je prenais avec moi, derrière l'œil, dans l'espoir toujours incertain qu'il éclose et me fasse part de ses beautés

ce degré, je le nommais « contemplation »

la contemplation ne *j'entendais la jeune fille*

rares furent les voix aussi douces que celle de Chloé

l'entendait-on qu'on avait déjà envie de lui sourire

mais ce sourire qu'on lui faisait, aussi beau qu'il pouvait être, n'était jamais à la hauteur de la tendresse de sa voix, et à cette voix il fallait répondre, comme moi je l'avais fait, avec une rigueur implacable, par une extrême générosité

j'entendais sa voix et elle était vraiment très fine, comme survenue d'une page blanche, avec son apaisement et son manque, son mutisme envers l'être, un peu comme la nuit, dans le lointain, mais une nuit portée, non pas vers l'extase, mais vers l'origine et la solitude vivait et ne revivait que LE TOUCHER

IL CROYAIT LA TENIR MAIS ELLE N'ÉTAIT PAS LÀ, NI DANS SES BRAS NI ENTRE SES MAINS

par elle, par Chloé ou par un sourire sien, une main sienne, toujours révélés à la vue que j'avais d'elle

il y a toujours le souvenir, en moi, donc l'écriture, d'une nuit passée avec elle
je dirais même de la seule nuit passée avec elle
tout un jour, nous nous serions tenu la main et serrés dans nos bras, par moments, lorsqu'on s'arrêtait au bord des chemins
tout un jour, j'avais eue la représentation tout à fait plausible d'un couple d'amants
tout un jour
et l'impression aurait continué la nuit
que penser de deux corps JE CARESSAIS LA JEUNE FILLE ELLE ÉTAIT LA PREUVE QUE JE N'AVAIS PAS RÊVÉ, ET POURTANT À PEINE AVAIS-JE FRÔLÉ SA PEAU JE ME DISAIS QUE DANS LES RÊVES CES GESTES SERAIENT RIGOUREUSEMENT LES MÊMES
ET JE POUVAIS CROIRE À CET INACCESSIBLE
JE CARESSAIS LA JEUNE FILLE
qui s'étreignent et se frottent l'un sur l'autre, durant des heures
que dire de UNE JEUNE FEMME, BIENTÔT MÈRE, AVAIT SURPRIS DANS SES LECTURES DE BORIS VIAN LE PRÉNOM DE CHLOÉ, QUI ÉTAIT AUX CÔTÉS DE CELUI DE COLIN, DANS *L'ÉCUME DES JOURS*
ENTRE CE NOM ET ELLE S'ÉTAIT DÉJÀ ÉCRIT UN LIVRE, ET ELLE ALLA VOIR SON MARI POUR LUI FAIRE PART DE SA DÉCOUVERTE
CE NOM QUI L'AVAIT DÉSORMAIS ÉMERVEILLÉE SERA CELUI DE LEUR FILLE : CHLOÉ WEGMANN ces deux corps livrés à l'absence de la pensée, à l'absence du langage et à la seule constance du geste
que dire du corps ainsi noué sur le lit, dont absente est la voix et mains et doigts le seul langage
une flamme brillait dans la nuit
la flamme marquait l'absence du sommeil, l'écoulement du temps
le deuil ranime la vue, et il lui porte l'instant passé
je tenais Chloé dans
CHLOÉ WEGMANN NAQUIT UN 10 NOVEMBRE À MONTAUBAN, DANS LE SUD-OUEST DE LA FRANCE

SES PARENTS, BROCANTEURS, ÉTAIENT D'ABORD INSTALLÉS
À L'ISLE-JOURDAIN, NON LOIN DU VILLAGE OÙ LEUR FILLE
UNIQUE DEVAIT GRANDIR, ILS Y AVAIENT
son absence, comme des effluves
mes Sens, comme des enclaves impossibles à atteindre
ses mèches, comme de longues phrases sur le souffle, une transe d'avant
l'époque UNE SALLE DE JEUX
ILS ACHETÈRENT UNE MAISON DANS UN PETIT VILLAGE
GASCON À UNE DATE TRÈS ÉTROITEMENT LIÉE AVEC LA
NAISSANCE DE CHLOÉ, QUELQUES ANNÉES APRÈS LEUR
TRAVERSÉE DU DÉSERT SAHARIEN
LE VILLAGE SE NOMMAIT MAUBEC, SUR LE CANTON DE
BEAUMONT-DE-LOMAGNE, DANS LE TARN-ET-GARONNE,
DONC EN LOMAGNE, EN HAUT D'UN COTEAU, COMME
L'ÉTAIENT LA PLUPART DES VILLAGES ALENTOURS :
FAUDOAS, GOAS, LE CAUSE, ESCAZEAUX
IL ÉTAIT PERCHÉ SUR SA BUTTE DE CALCAIRE, ET LES
HOMMES AU COURS DES SIÈCLES SCULPTÈRENT DANS SA
PIERRE DES REMPARTS DONT LE VIEUX VILLAGE ÉTAIT
NÉANMOINS ORNÉ
IL Y AVAIT DES BOIS DANS LES PENTES QUI LE RELIAIENT
AVEC LES PLAINES, COMME LA VALLÉE DE LA GIMONE
MAIS LA PLUPART DE L'ESPACE CE N'ÉTAIENT QUE CHAMPS
ET CULTURES *j'entendais la jeune fille*
j'entendais le ruisseau
j'entendais les phrases
j'entendais « Cavalleria rusticana »
et nul livre ne m'avait fait éprouvé autant de stupeur, autant de deuil
peut-être, dans cette joie élevée vers l'inconnu, on ne sait trop comment,
avec la certitude qu'elle avait déjà rejoint cet inconnu, la contemplation,
non pas dans l'au-delà, mais à l'intérieur de moi
c'était un rapport beau mais animal pourtant, loin de la conscience et
de l'ordre de la phrase
la beauté était quand on ignorait si elle pouvait être, et elle n'existait pas
si l'on pensait la trouver
il y avait d'abord la recherche du corps, la quête de la matière, lorsque

l'incertitude se dérobait, et qu'elle se dérobait avec grandeur, par le bonheur, par la musique, par l'être aimé et par son image
les fenêtres sont les promenades dont l'écoute est la plus proche
l'embrasser, c'était le mode d'expérience qui me rapprochait le plus de la lecture
j'embrassais la jeune fille et je me dépossédais
son esprit se rivait au mien
je resterai allongé contre elle
« un jour, tu seras loin, et je ne t'aurai même pas assez embrassé »
je poussais la petite fenêtre sur laquelle mes lèvres avaient trouvé le sommeil
je posais ma bouche contre l'entrée de la nuit
je me posais entre ces peaux, jeunes comme un ruisseau et chaudes comme la lumière
j'embrassais la jeune fille et c'était là, je crois, le plus bel effacement que je pouvais trouver
le chant du ruisseau ressemblait à la chute des phrases
il entrave le silence, par son murmure et par les murmures de ses eaux qui continuellement resplendissent sous ce fin alignement d'arbres, des deux côtés de la rive
le courant s'en va à l'ombre et, outre ce petit escalier, il n'y a pas le moindre bruit de sa présence
le courant est vraiment trop faible
et ses eaux séparent deux champs
le soir où j'y fus avec Chloé, il séparait deux mondes, et lorsqu'on sortait d'entre les arbres le château semblait dominer au milieu des bois, fier de sa hauteur et de sa splendeur séculaire, comme une montagne
j'entendais la jeune fille
elle me semblait être loin des foules hélas faites par le monde, et loin encore du monde créé dans la ville
elle était loin mais je la voyais mieux lorsqu'elle était loin
JE CARESSAIS LA JEUNE FILLE ET J'APPUYAIS MA TÊTE CONTRE SON COU <u>je sentais la jeune fille</u>
j'entendais la jeune fille
j'entendais sa respiration lorsque je le cherchais, dans le silence de cette chambre gagnée par l'ombre et dont les fenêtres étaient frappées par le

jour

j'entendais les branches qui venaient frotter aux volets

et j'éprouvais de la senteur à lire des phrases

la phrase n'était plus la page mais bel et bien une fenêtre,

une fenêtre que j'avais ouverte pour passer ma tête au dehors

NOUS DESCENDÎMES DE LA TOUR DU CHÂTEAU ET NOUS ÉTIONS TRÈS SALES, ELLE SURTOUT,

AVEC SON GILET DE LAINE QU'ELLE *en écrivant, et pour lutter contre le chaud, j'avais ouvert et bloqué deux fenêtres sur deux côtés opposés, dont une était à côté de moi, et le vent en errant venait contre ma tête par moments avec l'envie de passer, de laisser trace d'un passage* AVAIT PRESQUE TOUJOURS, DOUX AU TOUCHER, EN HIVER COMME EN ÉTÉ

SA MÈRE VOULAIT QU'ELLE LE JETTE CAR ELLE ESTIMAIT QU'IL ÉTAIT MAINTENANT TROP VIEUX, MAIS CHLOÉ L'ADORAIT ET L'AVAIT SAUVÉ MAINTES FOIS DE LA POUBELLE

ET QUAND JE L'IMAGINAIS, C'ÉTAIT AVEC CE GILET, SUR LEQUEL JE POURRAIS PLACER MA TÊTE ET DORMIR

mes bras

nous étions à la belle étoile (il n'y avait pas d'étoiles, trois ou quatre et, pour les voir, il fallait se persuader de les voir)

ce soir-là, je crois que la contemplation se sent, qu'elle se sentait et que je l'avais sentie, et que je l'avais sentie dans la plus parfaite imbibition

elle s'endormit dans mes bras et je frottais les moindres parties de mon visage contre le sien

une femme	sinon,	n'est pas envisageable	
est	il se perdrait	elle est seulement	
pour l'homme	misérablement ;	inutile,	
qui l'aime	une vie	sans mémoire	
un repère	sans		et au fond
au monde	beauté	d'une tombe	

c'était la contemplation, et d'un jour à l'autre

je ne pouvais penser à ne pas penser à Chloé Wegmann

parce que la vie contemplative nous donnait un bonheur nous avions le
JE CARESSAIS LA JEUNE FILLE
ET EN MÊME TEMPS JE TOUCHAIS LA DEUXIÈME FORME DU LANGAGE
JE CARESSAIS SES FLANCS ET TRADUISAIS droit de l'écrire c'étaient l'essence de l'Art que de le faire : écrire je faisais des notes, plus ou moins pertinentes, sur la passion que deux êtres vivaient l'un pour l'autre : l'« amour » par exemple
et si j'aimais ce mot j'aurais parlé d'« amour » depuis le début de ce livre ; mais je n'en parlais pas, pas plus que j'avais parlé d'une histoire d'amour, car je comprenais que ce que je vivais ne se nommait pas et que l'Art tout entier n'oserait se nommer devant des thèmes aussi beaux, qui avaient fasciné les hommes et qui, j'espère, les fascineront encore mais cet « amour » que je voyais, j'en étais sûr, je ne voulais pas vivre le même
l'effacement des êtres que je donnais à cette relation n'était pas vraiment nommé, aussi, mais il existait une certaine manière d'aimer qui était d'aimer par l'œuvre crée, et d'être épris, non pas pour une beauté, mais par l'attrait que la contemplation nous donnait d'elle, et seulement par elle
j'avais acquis qu'un homme s'accomplissait dans une œuvre, et que c'était par cette œuvre qu'il avait un rapport au monde, et une vraie raison de s'y présenter
il me semblait voir sa passion dans son œuvre, car je voulais qu'il s'accomplisse avec elle
que la Femme, si elle n'était cette contemplation, était au moins un chemin qui y menait, ou une tentative
par la vie contemplative nous sont restitués POUR ELLE LES SENSATIONS DE MON CORPS ET LES DEGRÈS DE MA PENSÉE
LA NUIT PERDAIT LA VUE ET LA RENDAIT INUTILE
LE TOUCHER GLISSAIT SUR LE CORPS
ET SE FAISAIT SON ÉGAL ALORS QUE je sentais la jeune fille Chloé avait ranimé en moi la présence de la nuit LE LANGAGE, LUI, ÉTAIT TOUT LE CONTRAIRE
LE TOUCHER SE NOMMAIT GESTE COMME IL SE NOMMAIT BAISER

LE TOUCHER S'APPELAIT CARESSE COMME IL S'APPELAIT ÉTREINTE

J'AVAIS LE SOUVENIR DE LA NUIT ET CETTE MÊME NUIT, AUSSI BIEN QUE JE POUVAIS LA REVIVRE ET LA RELIRE PAR CES ÉCRITURES QUE J'AVAIS DÉVERSÉES SUR DES PAGES, CETTE NUIT DOMINÉE PAR LE GESTE AVAIT POUR LANGAGE UNE RÉALITÉ INOUBLIABLE, CERTAINS LA NOMMAIENT « AMOUR », D'AUTRES « PASSION » ; ET CE LANGAGE ME FAISAIT RELIRE QUE CHLOÉ FUT PASSIONNÉE DE MON CORPS, UNE NUIT DE QUELQUES HEURES ENSEMBLE, SINGULIÈRE ET PARTICULIÈRE : « JE DORS EN TOI, AURAIT-ELLE PU DIRE, ALORS PROTÈGE-MOI. JE GARDE TON BRAS ENTRE MES BRAS, JE TIENS À TOI, JE TE TOUCHE, NOUS AVONS LE DROIT D'ÊTRE UN SEUL CORPS »

NOUS ÉTIONS ALLONGÉS SUR LE CÔTÉ, LES JAMBES REPLIÉES ; CHLOÉ, DONC, ÉTAIT TOURNÉE VERS L'INTÉRIEUR, COMME DANS UNE COQUILLE

les cinq sens

la vue venait à nous et disparaissait presque aussitôt

la nuit faisait son effet J'AVAIS MON TORSE APPUYÉ CONTRE SON DOS, **j'embrassais la jeune fille**

et, à ce moment où je l'embrassais, c'était une lecture : j'étais une forme vide

J'AVAIS ENCORE PENSÉ À ELLE

J'AVAIS ENCORE PENSÉ QUE JE TOUCHAIS SON CORPS

J'AVAIS ENCORE PENSÉ QUE MON CORPS TOUCHAIT SON CORPS

LA FEMME EST POUR L'HOMME le langage que je sentais, les mots, et qui depuis mon plus jeune âge était mon seul langage, n'était d'aucune architecture, et je n'avais rien accompli avec lui

j'avais laissé au geste sa magie, et je lui avais laissé avec l'espérance de trouver plus loin ce que j'avais laissé derrière moi, c'est-à-dire un déracinement, un séisme, qui pourrait me porter au-delà de l'écriture, au-delà de la page

j'avais trouvé, pour le roman que j'avais décidé d'écrire, non pas un titre mais bien le vrai nom d'une personne que j'admirais et que j'aimais

mais je le faisais au-delà de mon propre pouvoir, plus qu'avec mes
propres forces, car j'allais chercher, pour le joindre à son nom, l'absence
même qui résidait dans la jeune fille, et que je m'appliquais à traduire
sous l'existence de phrases provisoires, rompues et déchaînées LE
REPÈRE ULTIME DE SES CINQ SENS
QUE DIRE D'UNE VIE
QUE DIRE DE LA FEMME DONT LA PEAU EFFLEURE LA NÔTRE
ET DONT LES PHRASES PARLENT D'UN TEMPS ABANDONNÉ,
QUI CESSE DE TOURNER ET DE SE MORFONDRE
CAR LA DOUCEUR DE CHLOÉ NE CONNAÎSSAIT PAS LE TEMPS
ELLE DORMAIT DANS MES BRAS, JE VIEILLISSAIS MAIS ELLE
NON
APRÈS AVOIR ÉTÉ SON FILS, QUI SE BLOTTIRAIT CONTRE SA
MÈRE EN TRAIN DE DORMIR, JE DEVIENDRAIS SON AMANT,
UN JEUNE HOMME QUI L'EMBRASSERAIT DANS LE COU
« CHLOÉ ? REVENEZ AVEC MOI, JE VOUS EN PRIE »
HÉLAS, ELLE NE S'ÉTAIT TOUJOURS PAS RÉVEILLÉE, ET
J'ÉTAIS DÉJÀ DEVENU SON PÈRE, C'ÉTAIT TROP TARD ET JE
LE SAVAIS : « DORS CHLOÉ et je crois que trouvant ce nom j'avais
trouvé la jeune fille
je la sentais dans le plus simple des hasards qui se présentaient à moi, et
non pas avec une quelconque détermination de ma part, obstinée et
précise
j'avais senti ses cheveux au moment où mon visage avait disparu près du
sien, sous de jolies cascades brunes
c'était lorsqu'elle s'était allongée sur moi, ou moi sur elle, et que nos
corps se liaient près de l'origine qui les avait vu partir ensemble
je sentais la jeune fille
je sentais sa seule présence
je sentais son corps près du mien
je sentais ses vêtements
j'allais me promener le soir
parfois, après avoir trouvé un air d'été au bord de la route, je restais
immobile et liais avec mes autres sens le lieu, la date, l'heure, dans
lesquels je l'avais trouvé
je sentais la jeune fille

aux moments où j'écrivais, l'animosité se faisait si forte que j'oubliais presque que Chloé n'était pas réellement avec moi, et je tendais à faire cet effort, si vite d'ailleurs, que je souriais

je m'enchantais de trouver mes sens et je m'enchantais de pouvoir les lire

souvent, et en regardant allongé dans le jardin la nuit silencieuse tout autour de moi, je me persuadais que j'avais fini ce livre et que jamais je ne pourrai trouver autre chose

mais la page murmurait alors, et je retombais dans ce silence comme un tremblement de l'être, entre les machines de l'être, presque comme un lecteur animé sur des lignes qui parleraient de lui-même, de lui en tant que lecteur, face à la page qu'il répèterait à voix haute

c'était en regardant la nuit qu'il me semblait retrouver cet instant passé, ici même, et tout ce que j'avais appris : l'immensité des vides

« je t'habite, dit l'abyme, je te couvre et je vis par toi. Je suis le monde et je suis la page. Je suis celui qui sent la nuit et pour peu que je t'écrase tu es déjà en train de lire. Tu revis un passé que tu as traversé, et ce passé, c'est moi qui te le ranime. Car écrivant tu tires de l'absence cette jeune fille, cette femme, que tu as déjà vu courir vers toi et que tu as déjà vu rire. C'était les moments où elle était dans tes bras que tu commençais déjà à écrire. Et ta vie ne sera qu'un constant sourire. »

TU AURAS BESOIN DE FORCES POUR VIVRE, QUAND TU IRAS TRANQUILLEMENT PARMI LE VACARME ET LA HÂTE, ET QUE TU TE SOUVIENDRAS DE LA PAIX QUI PEUT EXISTER DANS LE SILENCE ». J'ATTENDAIS, ELLE DORMAIT TOUJOURS

ET MOI, JE SURVOLAIS TOUS LES ÂGES ; JE TOUCHAIS SON VISAGE EN FROTTANT MES PAUPIÈRES CONTRE LES SIENNES ET JE ME RENDAIS COMPTE QUE JE N'AVAIS PLUS LE DROIT DE LE FAIRE, SUBITEMENT, PARCE QUE J'ÉTAIS SON PÈRE ; ET CETTE FILLE, ALORS QUE JE L'AVAIS IMAGINÉE COMME MA FEMME, QUELQUES INSTANTS AVANT N'ÉTAIT MAINTENANT QU'UNE ARRIÈRE PETITE FILLE, QUE J'AIMAIS, MAIS QUE J'AIMAIS AVEC LE TEMPS ET L'ÉLOIGNEMENT DE L'ÂGE, AVEC L'ABSENCE MIENNE D'UNE JEUNESSE QUE J'AI TRAVERSÉE ET QU'ELLE ÉTAIT SEULE, À PRÉSENT, À GARDER SUR SA PEAU

CAR LE TEMPS ET LA BEAUTÉ, CE N'EST QU'UNE HISTOIRE DE PEAU

CHLOÉ SE RÉVEILLERAIT ET NE COMPRENDRAIT PAS, CAR ELLE SERAIT CHEZ MOI, DANS MON LIT, ET JE N'Y SERAIS PAS

ELLE M'APPELERAIT ET CRIERAIT MON NOM : J'ÉTAIS À CÔTÉ D'ELLE MAIS JE NE POUVAIS NI LA TOUCHER NI LUI PARLER, ET ELLE NON PLUS, OUTRE QU'ELLE NE POUVAIT MÊME PAS ME VOIR

CE SERAIT COMME DANS UN CAUCHEMAR

ELLE SE SORTIRAIT DU LIT ET PARCOURRAIT LES PIÈCES DE FOND EN COMBLE, UNE À UNE, SANS CESSER D'APPELER : « MATHIEU ? »

ET APRÈS AVOIR FAIT TROIS FOIS LE TOUR DE LA MAISON ET D'AVOIR OUVERT TOUTES LES PORTES QU'ELLE POUVAIT OUVRIR, ELLE NE POURRAIT TOUJOURS PAS SE RENDRE COMPTE QUE DURANT CES QUELQUES MINUTES JE L'AVAIS TOUJOURS SUIVIE EN LUI PARLANT :

« CHLOÉ, TU NE PEUX PAS ME VOIR. ET PUIS DE TOUTE FACON JE SUIS TOUJOURS DERRIÈRE TOI. TON IMAGE, JE LA GARDE, J'ÉCRIRAI POUR TE MAINTENIR ÉVEILLÉE ET QUAND TU DORMIRAS JE DISPARAÎTRAI UN PEU PLUS À CHAQUE FOIS. MAIS SI J'ÉCRIS C'EST BIEN POUR QUE TOI TU NE DISPARAISSES JAMAIS. TU SAIS, LA MÉMOIRE, C'EST

je sentais la jeune fille

et voudrait-elle que je ne sois que son ami, j'aurais été cet ami qui lui aurait senti les cheveux, allongé sur elle, et qui aurait respiré, s'il avait pu, jusqu'à la moindre de ses respirations

car tout son corps avait résonné dans le mien, et la soumission au corps s'imposait à l'un et à l'autre, comme le vent sur les ailes d'un moulin, de cette nuit qui n'en finissait pas, de ce jour retenu dans la chambre d'ombre

j'avais pris conscience que les temps s'étaient arrêtés et que le monde, s'il se mettait à repartir, ne repartirait que par le mien désir de le voir s'arrêter à nouveau, pour que je puisse revenir avec elle

Chloé était derrière ce mur, j'en étais sûr

je me levais parfois du bureau et sortais même de la bibliothèque pour passer dans la chambre, en regardant les ombres
puis, de la chambre, je rejoignais la salle des Vents, en sentant le courant d'air chaud qui errait comme un fantôme, en sentant ce souffle venu de l'âge, car il avait toujours existé et appartenait à la nuit
j'étais sûr de ce que j'avais imaginé : c'était elle
LA SEULE REVANCHE QU'ON A SUR LE TEMPS. C'EST BEAU, MAIS CE N'EST BEAU QUE PAR TOI. ET QUAND TU ME CHERCHERAS, COMME TU ES EN TRAIN DE LE FAIRE DANS CETTE MAISON, TU TE DIRAS QUE, PEUT-ÊTRE, JE N'AI JAMAIS EXISTÉ. ET QU'EST-CE QUE J'AI ÉTÉ D'APRÈS TOI ? OH ! UN PEU DE PLAISIR CERTAINEMENT, UN PLAISIR QUI T'AURAIT TOUCHÉ ALORS QUE TU DORMAIS. UN PLAISIR QUI T'AURAIT EMBRASSÉ ALORS QUE TU ÉTAIS PRESQUE NUE CONTRE MON CORPS. UN PLAISIR QUE LE PLAISIR LUI-MÊME AURAIT AIMÉ AVOIR DE TOI. C'EST UN PLAISIR QUI ÉTAIT ÉPRIS DE TOI, CHLOÉ. MAIS CE PLAISIR, EST-CE QUE TU N'AS PAS CRU QUE TU ÉTAIS TOI AUSSI ÉPRISE DE LUI ? CHERCHE-MOI, TU NE ME TROUVERAS PAS. CHERCHE-TOI, TU NE TE TROUVERAS PAS NON PLUS. TU NE TROUVERAS RIEN CAR NOUS AVONS LAISSÉE LA FENÊTRE OUVERTE, LES PHRASES NI LES FORMES NE PEUVENT RESTER, NI LES REGARDS NI LES PAGES. L'AMOUR QUE TU AS CRU VOIR EN TOI N'EXISTE PAS, CAR L'AMOUR N'EXISTE PAS, IL NE SE NOMME ET N'EXISTE ; IL TRAVERSE ET PASSE ; CE QUE TU AS CHERCHÉ ET A CRU TROUVÉ N'EXISTE PAS : SOIS SIMPLE. CE QUE LES AUTRES CROIENT VIVRE, CE QU'ILS APPELENT « AMOUR » N'EXISTE PAS ; NOUS AVONS LES MÊMES RACINES, TOUS LES DEUX : NOUS AIMONS LES CHOSES SIMPLES, MAIS NOUS SOMMES TRÈS COMPLIQUÉS. UN JOUR, TU ME CHERCHERAS DEPUIS LONGTEMPS, ET TU NE SAURAS MÊME PLUS QUI J'ÉTAIS. JE SAIS QUE TU PEUX M'ENTENDRE, OÙ QUE TU SOIS, OÙ QUE JE SOIS, MOI. CE N'EST PAS LA MORT QUI ME FAIT PEUR, C'EST SON REFLET, REFLET DE DEUX CAUSES PERDUES SUR LA

j'entendais la jeune fille

le château était une œuvre, et les fenêtres son langage
les fenêtres se fermaient et elles fermaient l'architecture
elles venaient de fermer des fragments de silence, dans lesquels je marchais jusqu'aux portes, que j'ouvrais pour faire ressortir ce langage, déjà établi dans la page mais non révélé à l'œil du lecteur
j'entendais la jeune fille
le moindre geste, le moindre déplacement créait un chant
Chloé bougeait et son corps contre les draps ressemblait au vent qui venait lorsque j'étais assis au bureau ; avec puissance, je pouvais regarder, à travers la fenêtre, ce paysage qui s'étendait au loin, à me dire qu'elle était là-bas et que je l'entendais toujours
je l'entendais de façon absolue
et je l'entendais avec les mots de la terre, comme s'ils étaient puisés depuis les origines, comme notre origine, non seulement particulière, mais humaine et universelle : la nuit
j'avais acquis l'existence d'un royaume
mais ce sentiment, pour moi, était celui de la transparence de la solitude
et être seul permettait la lecture, et la lecture menait à la mémoire
« écrire la mémoire » : je ne mettais la phrase qu'entre guillemets pour montrer qu'elle ne m'appartenait pas, et que, de toute façon, écrire était le seul fait de mémoire, et qu'écrire la mémoire était un pléonasme, acquis depuis toujours, acquis depuis l'ombre, la crainte de ne pas être entendu
mais lire c'est faire entendre la voix de la lecture :
le Temps est charnière, ici même, et ses moments sont des fenêtres
parfois, j'entendais des fenêtres qui claquaient, mais déjà elles venaient de se fermer, il y a bien longtemps, et pourtant je le découvrais tout à fait incidemment, leurs ouvertures souriaient et je pouvais retrouver cette voix que j'avais oubliée, la voix du royaume,
j'entendais la jeune fille
je tenais sa voix
mais, de loin, sa voix n'était pas la seule à parler, car je crois que je préférais son corps, ses pas qui faisaient craquer la paille des champs, le bout de ses doigts effleurant l'eau du ruisseau, le glissement de sa peau moite contre mon visage, la résonance de notre marche sous les fortifications de l'église de Maubec, les derniers battements du jour et

les voix, le bruit des voix qui ne savaient plus parler, leur étouffement et leur disparition

TERRE, UNE CAUSE PHYSIQUE ET UNE CAUSE MORALE : LA PEUR DE SOUFFRIR ET LA PEUR DE ME SÉPARER DES BIENS TERRESTRES. ALORS J'ÉCRIRAI POUR NE PAS LE REGRETTER. ALORS JE T'ÉCRIRAI À TOI. JE T'ÉCRIRAI POUR QUE TU TE SOUVIENNES ET POUR QUE L'ON S'EN SOUVIENNE ENSEMBLE. JE T'ÉCRIRAI ET J'ÉCRIRAI TON NOM, CHLOÉ, DE NOMBREUSES FOIS, JUSQU'À POUVOIR EFFACER LE MIEN, JUSQU'À CE QUE LE MIEN DEVIENNE INSIGNIFIANT ET QUE LE TIEN, AU CONTRAIRE, RESPLENDISSE SUR LA COUVERTURE DU LIVRE QUI, SANS ÊTRE TOUT À FAIT LE MIEN, SERA À TOI SEULEMENT, AU MOMENT OÙ JE DISPARAÎTRAI. N'OUBLIE PAS QUE NOUS NOUS DONNIONS LA MAIN. JE TE SUIS ET TU REVIENS T'ALLONGER SUR LE LIT OÙ TU CROYAIS ÊTRE AVEC MOI, PENDANT UNE NUIT. OUI, CE LIT AUSSI EST MAINTENANT À TOI, TOUT CE QUI EST À MOI SERA À TOI QUAND JE DISPARAÎTRAI, JUSQU'À MON CORPS QUE JE TE PRIERAI DE FAIRE DEVENIR DES CENDRES. CHLOÉ, LES CENDRES, CE SONT LES ORIGINES, ET CE SONT DES NUITS. NE L'OUBLIE PAS, NE M'OUBLIE PAS. UN JOUR, JE NE TE TOUCHERAI PLUS, ET JE NE T'AURAI PAS ASSEZ SERRÉE DANS MES BRAS »

CHLOÉ S'ALLONGERAIT SUR LE LIT. ELLE PRENDRAIT LA COUVERTURE QU'ELLE HISSERAIT JUSQU'EN HAUT DE SA CHEMISE DE NUIT ET ELLE PLEURERAIT DOUCEMENT

j'entendais la jeune fille

les œuvres de la nuit étaient autour de moi, quand j'écrivais

serais-je parti qu'elles m'auraient suivi dans une autre pièce

ces œuvres s'entendaient, la nuit je crois, et le jour elles restaient silencieuses

elles buvaient l'ombre comme avides de leurs sources, et je n'arrivais plus à entendre le mur qui les tenait

on ne devrait les voir que durant la nuit

l'écoute leur défendait une limite ou une paroi, parce que cette écoute se nommait Lecture ; de ce fait les œuvres devenaient des fenêtres à la

recherche de pages
mais je n'avais pas besoin d'aller les chercher bien loin : les œuvres étaient des pages
l'artiste utilise la flamme des bougies et leurs cires
ses toiles sont des feuillets perforés, alignés et rangés selon les œuvres, comme sortie de l'appartenance du livre
il les noircit et crée le royaume des ombres avec le seul pinceau de feu ;
et l'écriture, unique et universelle, ramène le souffle obscur des origines
c'était une lecture de l'inconscient, le tremblement de la nuit et son emprisonnement
les œuvres brillaient en même temps qu'elles étaient noires
elles étaient noires et je les entendais
elles faisaient traverser le regard, et elles avaient déjà acquis cet endroit comme un lieu de refuge, car on les lisait
le langage s'alliait à elles, comme un ciment ou une architecture, et la distance prise, dans les indénombrables fonds de ces feuillets, des écritures, des dessins, et des notes souvent illisibles, faisait accroître cette distance
les œuvres créaient un éloignement, une deuxième solitude, peut-être, et leur absence s'achevait définitivement sur des pages renvoyées à l'origine, à l'état de cendres, métamorphosée dans des tableaux qui eux-mêmes achevaient le dernier lien avec le monde : la rupture de l'instant
souvent j'arrêtais d'écrire pour revenir m'asseoir en face d'elles
je les entendais, et me laissais les entendre
mais ce n'était pas une attente, car je partageais véritablement ces instants, avec le Temps je crois
la réalité, c'est la vérité des œuvres
le principe d'incertitude
le reflet de notre vérité, c'était celui qui s'échappait inlassablement à travers le ruisseau, éteint dans l'obscurcissement des fenêtres
ET TRÈS PEU, SUR LES DRAPS QU'ELLE CROYAIT PARTAGER AVEC QUELQU'UN
Chloé était dans mes bras
je rapprochai mes lèvres des siennes et, <u>je sentais la jeune fille</u>
<u>je sentais les livres</u>
<u>d'un livre que je possédais ou non me venait toujours l'envie de sentir le</u>

papier, et de mettre mon nez entre les pages que je faisais tourner
c'était une passion directe avec la nuit du livre, et un rapport des plus franc avec son origine
le livre devenait un objet, et je sentais son corps inerte, suspendu entre mes mains, arraché au dialogue
je sentais la jeune fille, et je restais rêveur en face du bureau, quand je croyais réellement la sentir alors que j'ignorais même où elle était
au dernier moment, je lui demandai si je pouvais l'embrasser
elle me dit que je le pouvais
et je restai longtemps à le faire
Chloé serait ma mère comme elle serait ma sœur, elle serait ma fille comme elle serait ma compagne
je n'ai jamais su
peut-être ne le saurai-je jamais
en réalité elle était Personne « Ombre je nommerai cette voix que tu as décidé d'éteindre, et pénombre ce visage. Je sentais ton ombre. Les ombres se sentent toujours, elles se pressentent surtout. Et la tienne, particulière à mes sens, est cette ombre qui a recouvert la nuit, et qui l'a vaincu. Tu es nulle part et pourtant j'ai envie de te voir. Tu es à mes côtés et pourtant j'ai envie de t'écrire. Tu es belle et pourtant je voudrais t'embellir. Tu es seule, et je le sais, et j'ai pourtant envie d'être avec toi. Je sentais tes cheveux comme si tu étais un bouquet. »
« Je t'ai pris ton nom, car tu m'as dit que je pouvais le prendre. Tu t'en souviens ? C'était au bord du ruisseau. Tu avais hésité, même, tu avais hésité mais finalement tu avais dit oui. Ton nom est le mien, et désormais, Chloé Wegmann, ce sera moi » ELLE RÊVAIT D'UN LIT À BALDAQUIN, PARCE QUE CELA LA COUPERAIT DU MONDE, ENCORE UN PEU PLUS, ET CETTE SÉPARATION SE FERAIT DANS LA BEAUTÉ
MAIS ELLE-MÊME ÉTAIT DÉJÀ BELLE, MAIS CELA N'AVAIT PAS VRAIMENT TOUCHÉ CHLOÉ, COMME LA JEUNE COSETTE DANS *LES MISÉRABLES* ; ELLE ÉTAIT JOLIE, PEUT-ÊTRE, ET TANT MIEUX, MAIS DE CETTE BEAUTÉ ELLE IGNORAIT QU'IL FALLAIT FAIRE QUELQUE CHOSE
SES PARENTS ÉTAIENT BROCANTEURS
ET AU LIEU DE LAISSER LEUR ENFANT CHEZ UNE NOURRICE,

ILS PRÉFÉRAIENT PRENDRE CHLOÉ AVEC EUX, SUR LES FOIRES ET MARCHÉS

LES CLIENTS FIDÈLES POURRONT ALORS VOIR D'ANNÉE EN ANNÉE LE BÉBÉ GRANDIR ET S'ÉPANOUIR « COMMENT S'APPELLE-T-ELLE ? — CHLOÉ. »

MAIS BÉBÉ ENCORE, D'AUTRES CLIENTS POURRONT VOIR LA PETITE FILLE DORMIR, NON PAS DANS UN LANDAU, COMME ON POURRAIT LE CROIRE, MAIS DANS LES MEUBLES QUE SES PARENTS VENDAIENT

C'ÉTAIT UNE HARMONIE DU SOURIRE ET DU SYMBOLE : LES MEUBLES REVIVAIENT ET LA PETITE FILLE VIVAIT, DANS LE BOIS QUI AVAIT TRAVERSÉ LES ÂGES ET QUI ALLAIT TRANQUILLEMENT PARMI LE VACARME ET LA HÂTE, ET QUI SE SOUVENAIT DE LA PAIX QUI POUVAIT EXISTER DANS LE SILENCE

CHLOÉ PARTAGEAIT SON SOMMEIL AVEC CES MEUBLES QUI AVAIENT ENTENDU TANT DE CHOSES ET IL N'AURAIT PAS ÉTÉ IMPOSSIBLE, DANS CES MYTHES QUI PROTÈGEAIT LA FEMME, QU'ILS LUI ENSEIGNASSENT LA PRUDENCE ET L'IMPURETÉ DU MONDE EXTÉRIEUR

QUELQUE PART, DANS LA SOLITUDE, CHLOÉ AURAIT EU LE DEVOIR DE CONSACRER SA VIE À CES MEUBLES ET DE LES FAIRE REVIVRE, PUISQU'EUX AVAIENT PROTÉGÉ SON SOMMEIL, DE LES AIMER COMME DES FILS QU'ELLE ÉLÈVERAIT

MAIS DE CE FILS SE SOUVIENT-ELLE

LE FILS QUI L'AIMAIT ET QUI AVAIT ÉCRIT UN LIVRE SUR ELLE

CELUI QUI LA TOUCHAIT ET L'EMBRASSAIT PENDANT QU'ELLE ÉTAIT DANS SON SOMMEIL

LES FENÊTRES ÉTAIENT OUVERTES ET LE DÉFAUT DE PRÉSENCE QU'ELLES N'AVAIENT JAMAIS CACHÉ APPARAISSAIT ICI, CLAIR ET VISIBLE, COMME SI PERSONNE N'AVAIT OSÉ LEUR ADRESSER LA PAROLE, CAR EN EFFET PERSONNE NE L'AVAIT FAIT

DRESSER DES PHRASES ET DES POÈMES EN FACE DE LA

FENÊTRE COMME AUTANT DE MOTS QU'ON JETTERAIT AU FOND DES GOUFFRES
LA SCÈNE SE PASSAIT CHAQUE DIMANCHE MATIN, À LA BASILIQUE SAINT-SERNIN, À TOULOUSE
LES PARENTS DE CHLOÉ SE RENDAIENT À DES MANIFESTATIONS, TOUJOURS, POUR Y VENDRE LEURS OBJETS ET LEURS MEUBLES
ET LEUR FILLE, TRÈS JEUNE ENCORE, PRÉFÉRAIT REJOINDRE JACQUES, AVEC UNE AMIE QU'ELLE S'ÉTAIT FAITE DANS LA VILLE ROSE, LA JEUNE LYDIA
JACQUES ÉTAIT UN VIEUX MARCHAND QUE LES DEUX PETITES FILLES ALLAIENT AIDER CHAQUE DIMANCHE MATIN
MAIS JACQUES N'AVAIT QU'UNE SEULE SORTE D'OBJETS, ET CE FUT D'AILLEURS POUR CETTE MATIÈRE-LÀ QUE LES FILLETTES S'ÉTAIENT PASSIONNÉ : LA MOUSSE
JACQUES EN AVAIT BIEN SÛR UNE QUANTITÉ ÉNORME, SUR LAQUELLE CHLOÉ ET LYDIA PRENAIENT GRAND PLAISIR À SAUTER ET À S'ENFOUIR : LE MONDE DE LA TENDRESSE C'ÉTAIENT DES COUSSINS, OU CE GENRE D'OBJETS QUI RENDAIENT LA VIE PLUS DOUCE
ET QUAND LES FILLETTES PARTAIENT POUR REJOINDRE LEURS PARENTS, JACQUES LEUR FAISAIT UN PETIT PRÉSENT, POUR LES REMERCIER DE L'AVOIR AIDÉ OU DE LUI AVOIR TENU COMPAGNIE
C'ÉTAIT UNE VIE DE TENDRESSE, UNE SOLITUDE DANS LAQUELLE CHLOÉ RESTERAIT EN PARFAITE HARMONIE
j'entendais la jeune fille
je l'entendais bouger à mes côtés
nous étions allongés sur le matelas que l'on avait installé dehors et nous entendions les grillons, les chouettes aussi, et les chiens dans le lointain ; leurs aboiements se perdaient avec quelques voitures
je restais entre ces œuvres :
« Nous sommes la nuit, disaient-elles, et donc tu nous appartient, comme ce château d'ailleurs, puisque ceux qui l'ont construit nous appartiennent. Nuits, nous sommes les charnières des cycles terrestres. L'on nomme Création ce que nous sommes. Ton murmure est le nôtre.

Tes pas sont les nôtres. Le chant qui t'anime est le nôtre. Mais à toi qui en as peut-être le mérite, nous te confions la contemplation : c'est elle qui te mènera à la fin de tes espérances»
j'entendais la jeune fille
sa voix en revanche, il me semblait croire que c'était celle que j'avais attendue
je l'avais attendue, mais maintenant qu'elle était venue elle ne m'avait fait part que de sa cruelle vérité, celle de ne pas vouloir de moi
et jour après jour, le téléphone demeurant silencieux, je comprenais cette vérité et ôtais ce voile que j'avais trop longtemps regardé, y cherchant la réalité que je m'étonnais de ne pas trouver, y perdant un fil, comme un cheveu, que j'avais égaré dans le ruisseau
JE N'ÉTAIS PAS CONTRE L'AMOUR, LOIN DE LÀ, MAIS JE CONCEVAIS SEULEMENT QUE CET AMOUR-LÀ N'AVAIT, À MES YEUX, NULLE SIGNIFICATION COMMUNE DANS CE QUE SUSCITAIT LA PASSION DE DEUX ÊTRES, OU D'UN SEUL PARFOIS, POUR LEUR *ÊTRE* TOUT ENTIER, POUR LEUR BEAUTÉ, POUR L'ESSENCE DE RÉALITÉ QU'ILS ÉTAIENT À EUX-SEULS, COMME CHLOÉ SUR MOI, PAR EXEMPLE
JE CARESSAIS LA JEUNE FILLE, ET ELLE EN FAISAIT AUTANT
NOUS AVONS ABONDAMMENT PRATIQUÉ NOS DOS, DURANT DES HEURES, DU BOUT DES DOIGTS AU DÉBUT, PUIS DE LA PAUME ENTIÈRE ET DU POIGNET, ET DE TOUT L'AVANT-BRAS
JE CARESSAIS LA JEUNE FILLE : MON CORPS ENTIER PARLAIT, MAIS PAS SEULEMENT LES DOIGTS ET LES MAINS, TOUT LE CORPS, DES SURFACES ENTIÈRES DU CORPS
ILS ÉTAIENT MÊME UNE ÉCRITURE OU UNE GRAVURE SUR LE CORPS DE L'AUTRE, UN PROJET QUE LE CORPS HUMAIN ENTRETENAIT AVEC LE PLAISIR, CE PIÈGE QUI FAIT PASSER L'HOMME DU JOUR À LA NUIT ET QUI SUBITEMENT LE RAMÈNE À L'ABSTRAIT, À UNE VÉRITÉ SENSIBLE, À PEINE EFFLEURÉE IL EST VRAI, LA PART SENSIBLE DU VRAI : UNE ŒUVRE, BONNE OU MAUVAISE
JE CARESSAIS LA JEUNE FILLE ET ELLE ME PRENAIT MON NOM
CAR LE MIEN ÉTAIT TROP LOURD, OUI, IL PESAIT L'ORIGINE

JE CARESSAIS LA JEUNE FILLE
PEUT-ÊTRE ME TROMPAIS-JE, ET PEUT-ÊTRE QU'ELLE VOUDRAIT ÊTRE AVEC MOI
MAIS JE TOUCHAIS LES CHOSES PLUS CONSCIEMMENT EN CONSTATANT QUE JE N'ÉTAIS PAS ENTIÈREMENT À ELLE ET QUE PAR CONSÉQUENCE SURVIVAIT LUCIDEMENT EN MOI L'ÉLOIGNEMENT QUI ME COUPAIT D'ELLE, UN LIEU DE SOLITUDE QUI NE SE BRISERAIT PAS AU NOM DE CHLOÉ : LA RAISON
JE CARESSAIS LA JEUNE FILLE
JE N'ÉTAIS PAS MORT, NI TOTALEMENT FOU D'ELLE, MAIS J'ALLAIS DANS UNE PÉRIODE QUI ME SEMBLAIT VIDE, VIDE NON PAS SEULEMENT DE FAITS, MAIS PIRE ENCORE VIDE DE SENS, DE BESOIN DU SENS, ET RAPIDEMENT J'ALLAIS DEVOIR TROUVER UN AUTRE SENS, OUTRE CELUI DE CES PAGES ET DE CETTE FENÊTRE
CES GESTES QUE LE LANGAGE DE LA CARESSE DONNAIT, JE CHERCHERAI À LES AVOIR UNE NOUVELLE FOIS
CES GESTES QUE CHLOÉ M'AVAIT DONNÉS ME HANTAIENT ET JOUAIENT AVEC MON ILLUSION
MAIS JE GARDAIS LA RAISON ET JE CROIS QUE C'ÉTAIT LÀ LE PLUS SAGE DE MA PERSONNE : GARDER L'AUTONOMIE DE MA VOLONTÉ
LA PASSION, C'ÉTAIT LE ROYAUME DE CE QU'ON VOULAIT CARESSER ET CRÉER
L'ÉCRITURE, C'ÉTAIT LE ROYAUME DE CE QU'ON NE POUVAIT MÊME PLUS TOUCHER
je regardais la jeune fille : elle était en train d'ouvrir la fenêtre
QUELQUEFOIS, ÉCOLIÈRE ENCORE, CHLOÉ MONTAIT SUR SON ÂNE ET ALLAIT JUSQU'EN BAS DU CHEMIN POUR PRENDRE L'AUTOCAR
SON PÈRE L'ACCOMPAGNAIT
C'ÉTAIT UNE IMPRESSION DE RÊVE QUI INSPIRAIT LES ENFANTS, LA VOYANT ALORS SE DÉPLACER AINSI
MAIS C'ÉTAIT UNE JOIE PAISIBLE ET SIMPLE, OÙ TOUTE IMMENSITÉ SE GARDAIT D'APPARAÎTRE, DANS LA

MAGNIFICENCE DU GESTE
L'ÂNE DE CHLOÉ S'APPELAIT RADAR
SON PRÉ ÉTAIT IMMENSE ET IL LE PARTAGEAIT AVEC TROIS MOUTONS, TOUT AUTOUR DE L'ANCIENNE FERME TYPIQUE DE LA LOMAGNE
JADIS, IL Y AVAIT MÊME UN CHEVAL, PHLOX, QUE CHLOÉ OFFRAIT VOLONTIERS À SES VISITEURS POUR UNE PROMENADE
LA JEUNE FILLE AVAIT UNE BARRIÈRE QU'ELLE ACCROCHAIT ENTRE LES BORDS DE SA FENÊTRE, SINON L'ÂNE S'OCCUPAIT DE LUI RONGER PASSIONÉMENT LES VOLETS
AU COMMENCEMENT, LA MAISON DE MAUBEC N'ÉTAIT PAS TOUT À FAIT HABITABLE, MAIS CELA N'EMPÊCHAIT PAS LES PARENTS DE CHLOÉ DE VENIR Y HABITER, ET MÊME AVEC LEUR TRÈS JEUNE FILLE
L'EAU COURANTE N'ÉTAIT MÊME PAS ENCORE INSTALLÉE
MAUBEC ÉTAIT UN TRÈS VIEUX VILLAGE
AINSI, POUR FAIRE PRENDRE LE BAIN À LEUR FILLE, LES PARENTS DE CHLOÉ ALLAIENT CHERCHER L'EAU AU LAVOIR DU VILLAGE, DONT ILS ÉTAIENT D'AILLEURS LES PLUS PROCHES HABITANTS
LE LAVOIR ÉTAIT À LA SORTIE DU VILLAGE, LUI AUSSI, ET UNE SOURCE SOUS-TERRAINE VENAIT LE REMPLIR, DE SORTE QU'IL NE RESTAIT PLUS QU'À PRENDRE L'EAU DANS DES SEAUX ET LES PORTER LE LONG DU PETIT CHEMIN SINUEUX QUI MENAIT À LA VIEILLE MAISON
L'EAU ÉTAIT BOUILLIE, ET LA FILLETTE POUVAIT PRENDRE SON BAIN COMME DES SIÈCLES DURANT CELA S'ÉTAIT FAIT DANS LA CAMPAGNE
JE CARESSAIS LA JEUNE FILLE
CE SONT DEUX CORPS QUI S'ATTIRENT : ILS S'AIMENT ET SE CONFRONTENT PRESQUE, RIVALISENT D'AFFECTION
IL EST DONNÉ À VOIR LE LANGAGE DU SENTIMENT
LES MUSES SONT PUISSANTES NON PAS DE LEUR BEAUTÉ MAIS DE L'ATTRAIT QU'ELLE FONT NAÎTRE EN NOUS : LA CONTEMPLATION

JE CARESSAIS LA JEUNE FILLE ET JE VOULAIS QUE LES TEMPS CESSENT DE TOURNER
JE VOULAIS QUE CES MOMENTS DURENT LONGTEMPS, NON PAS DANS LE GESTE DU TOUCHER, MAIS DANS LA MÉMOIRE
JE VOULAIS, OUI, ET PARLAIS COMME CES MAÎTRES QUI ORDONNENT TOUT, C'EST-À-DIRE DANS LE PARADOXE DE TOUT VOULOIR ET DE TOUT AVOIR PAR LA VOIE IMPOSSIBLE : LE DÉSIR
MAIS LE DÉSIR EST UNE VOIE IMPOSSIBLE,
ET JE L'AVAIS COMPRIS
JE CARESSAIS LA JEUNE FILLE
ELLE ÉTAIT LA VOIX IMPOSSIBLE, C'ÉTAIT CE QUE JE CROYAIS, ET UNE FOIS SORTIS DE CE LIT J'IMAGINAIS QU'ELLE N'ALLAIT PLUS ME PARLER
COMME AVANT, SA VOIX VIENDRAIT :
« VOILÀ… EN RÉALITÉ JE NE SAIS PLUS TROP OÙ J'EN SUIS, MAINTENANT… »
JE PASSERAIS MA MAIN SUR LE HAUT DE SON DOS, SUR SES CHEVEUX.
« MAIS TU NE SERAS JAMAIS OÙ TU EN ES. SI TU LE SAIS, C'EST QUE TU PENSES LE SAVOIR. N'INSISTE PAS. TU SAIS, C'EST UN PEU LA MÊME CHOSE POUR MOI. MAIS MOI JE VOUDRAIS RESTER AVEC TOI, C'EST LA GRANDE DIFFÉRENCE ENTRE NOUS. »
« OUI MAIS L'ON NE PERCOIT PAS DE LA MÊME FACON, JE TE L'ASSURE. ET MÊME ÇA, JE NE SAIS PAS POURQUOI JE TE LE DIS. C'EST LA FACILITÉ QUI ME DÉRANGE… APRÈS IL Y A L'ANGOISSE »
JE LAISSAIS MA MAIN OUVERTE DEVANT ELLE ET ELLE ME LA PRIT
CHLOÉ DÉPLOYA TOUS SES DOIGTS ENTRE LES MIENS, EN LES SERRANT UN PEU PLUS FORT
MAIS ELLE RESTA LONGTEMPS LA TÊTE BAISSÉE, PENDANT QUE JE GARDAIS MON MENTON CONTRE SON ÉPAULE
DANS CES INSTANTS, L'ÊTRE PERD DE SON CENTRE DE GRAVITÉ ET IL ERRE DANS UN DÉSÉQUILIBRE PERPÉTUEL

QUI LUI DOMINE LE CORPS ET RÉDUIT SA PENSÉE À SON REGARD
LE DÉSIR DEVIENT UN LANGAGE ET IL AGIT SUR LE GESTE
JE CARESSAIS LA JEUNE FILLE, PUIS JE REGARDAIS MA MAIN ET JE ME DISAIS QUE C'ÉTAIT LA PLUS BELLE CHOSE QUE JE POUVAIS TOUCHER
ET DES ANNÉES ENTIÈRES, DES DÉCENNIES POURRAIENT PASSER, JE NE POURRAIS PAS ME LASSER DE LE FAIRE CAR LE TOUCHER EST UNE ERRANCE INDESTRUCTIBLE
LE TOUCHER, C'EST LA PRÉSENCE AU MONDE, LA MANIFESTATION DE L'ÊTRE VIVANT DANS SA VÉRITÉ ET DANS SA PRÉSENCE
L'ÊTRE NE PEUT ÉCRIRE ET CHANTER QUE S'IL A SU TOUCHER UN JOUR
ET L'ON NE FINIT PAS DE TOUCHER
« JE SUIS LÀ, DIT LE CORPS, VOUS NE ME CONNAÎTREZ QUE PAR LE TOUCHER. PENSERIEZ-VOUS FAIRE AUTREMENT, VOUS NE TROUVERIEZ RIEN DE RÉEL. SI VOUS CROYEZ AU MONDE, CE N'EST QUE PAR LE TOUCHER. VOTRE PROMENADE DANS LES BOIS N'AURA DE BEAUTÉ QUE SI VOUS VOUS SENTEZ FERMEMENT ANCRÉ DANS SA TERRE. LA TERRE EST LA PEAU. CARESSEZ LA PEAU DE CETTE FILLE. VOYEZ, C'EST PRESQUE LA MÊME QUE CELLE DE VOTRE JEUNE FILLE. MAIS JE CONNAÎS TRÈS BIEN VOTRE JEUNE FILLE, ELLE EST BELLE. ET JE VOUS CONNAÎS TRÈS BIEN VOUS AUSSI, JEUNE HOMME, CAR VOUS AIMEZ SA BEAUTÉ ET VOUS AIMEZ LA MIENNE. »
UN NUAGE VENAIT DE PASSER AU-DESSUS DU CHÂTEAU
JE NE POUVAIS PAS LE VOIR MAIS JE SAVAIS QU'IL ÉTAIT BIEN AU-DESSUS, OU NON LOIN EN TOUT CAS, PARCE QUE LA FENÊTRE, LE REGARD À TRAVERS LA FENÊTRE, VENAIT DE HEURTER L'OMBRE SUR LE VERSANT D'EN FACE
« JE SUIS LÀ, DIT LA NUIT, VOUS RÊVEZ DE MOI, JE LE SAIS BIEN. MAIS JE N'AI PAS EU BESOIN QUE VOUS L'ÉCRIVIEZ, JE LE SAVAIS DÉJÀ, ET MÊME AVANT VOUS CERTAINEMENT, CAR VOUS N'ÊTES PAS AU MOMENT OÙ VOUS ÊTES EN MOI, VOUS

ÊTES HORS DU TEMPS, VOUS ÊTES HORS DU MONDE. C'EST UN PEU LA MÊME CHOSE LORSQUE VOUS ÉCRIVEZ. L'ICI EST AILLEURS, MAIS CET AILLEURS VOUS NE LE VIVREZ JAMAIS. »

LA NUIT en habitant ce château, et en voulant écrire sur Chloé, je ravivais la palette de ces jours que j'avais vécus à ses côtés, adolescent

je me souviens qu'elle ne supportait pas les garçons, certes à cause de leur immaturité, qu'elle semblait avoir en horreur

j'étais l'un d'entre eux, car adolescent encore je n'avais aucun intérêt qui pouvait m'ouvrir un peu plus l'esprit, outre ma bicyclette, que j'utilisais dans ma solitude à travers la Lomagne

Chloé et moi nous quittâmes à la fin du collège, et, elle, n'avait pas un souvenir inoubliable de moi, loin de là

cela n'était presque qu'un hasard, si je devais la retrouver deux ans plus tard, alors que je l'avais oubliée, moi aussi, mais qu'une amie mienne, de qui elle était très proche, nous fit nous retrouver tout à fait inopinément, avec quelques six ou sept autres amis du collège A DÉSORIENTÉ LE LANGAGE

LA NUIT S'EST FAIT *ÊTRE*

LA NUIT A RENOUVELLÉ LE DEUIL

LA MORT EST REVENUE AUX BATTEMENTS DU TEMPS ET DES PAGES DU LIVRE, MAIS C'ÉTAIT UNE FIN HEUREUSE

ELLE A ÉLABORÉ DES ARCHIVES PARMI LA LONGUEUR DES TEMPS

« JE SUIS DANS LA NUIT, RÉPOND LE LECTEUR, VOUS NE M'ATTEINDREZ PLUS. J'AI DÉJÀ REMPLI LA SOURCE QUE VOUS CROYEZ VIDE : LA SOURCE DES VOIX ÉTEINTES. LES VOIX DES MORTS. JE SUIS COMME CELUI QUI ÉCRIT, JE SUIS à la fin de la soirée, et quand je devais repartir en même temps que mon meilleur ami, je dis à icelui qu'après deux ans de séparation les goûts de Chloé et les miens se ressemblaient, néanmoins, comme la solitude, par exemple, et l'isolement, qui comptait parmi nos traits les plus graves

il me dit alors qu'il « nous voyait bien ensemble », selon la vague expression si facilement attribuée aux relations intimes

le lendemain, déjà, j'appelai chez elle et tombai sur le répondeur, heureusement

car aurais-je pu lui parler que les choses auraient été trop précipitées, et elles auraient échoué plus vite
je la vis une semaine après, en allant chez elle en bicyclette, de Beaumont à Maubec
lors de la soirée chez notre amie elle m'avait dit que j'y serai accueilli « à bras ouverts »
elle était seule
nous montâmes sur son cheval, l'un après l'autre, nous promenant dans sa propriété
je partis
je lui écrivis durant l'été, elle ne répondit pas
son cheval mourut à l'automne, et je lui écrivis pour lui exprimer mon soutien : elle me répondit
nous nous revîmes juste avant Noël, j'étais avec notre amie, justement Chloé et ses parents vidaient une maison qui allait être vendue, à Beaumont-de-Lomagne, sur un boulevard, en face de l'hôtel du Commerce, sur la route qui menait à Montech puis à Montauban
à partir de là, elle commença à répondre à mes lettres, et nous nous vîmes plus souvent DANS L'ART DE LA SOLITUDE. »
JE CARESSAIS LA JEUNE FILLE
« CHLOÉ, JE NE VOUDRAIS PAS ÉCRIRE TON HISTOIRE. »
JE CARESSAIS LA JEUNE FILLE
« CHLOÉ, ÉCRIRE QUELQUE CHOSE DE VRAI, C'EST D'ABORD ÉCRIRE L'HISTOIRE DU LIVRE, SINON À QUOI BON PARLER DE LITTÉRATURE. TU N'ES NI UNE VOIX MORTE NI UNE VOIX VIVANTE. TU ES ABSENTE. DANS MON ESPRIT TU ES RETIRÉE DANS DES PAGES QUE JE NE POURRAIS CESSER DE TOURNER ET DE LIRE. JE CHERCHE CE QUI A ÉTÉ PERDU. OUI, J'AI CETTE IMPRESSION. JE RECHERCHE CE QUI A ÉTÉ ÉGARÉ. JE POUSSE L'OMBRE, TU COMPRENDS ? DU BOUT DE MES DOIGTS, EN TE CARESSANT LE COU OU LE VISAGE, JE RANIME UNE BEAUTÉ QUI N'AVAIT PAS VU LE JOUR DEPUIS LONGTEMPS. J'AIMERAIS QUE TU SOIS MA FEMME. »
« QU'EST-CE QUI SE PASSE ENTRE NOUS ? JE L'IGNORE. QU'EST-CE QU'IL SE PASSE AU BOUT DE MES DOIGTS ET SUR MA PAUME POUR QUE MON CORPS ENTIER SE SENTE EN

PÉRIL, QU'IL TREMBLE, MÊME, ET QUE CES TREMBLEMENTS NE LUI DISENT RIEN D'INTELLIGIBLE ; ICI OU AILLEURS, PEU IMPORTE : IL NE COMPRENDRA JAMAIS CE QUI LUI ARRIVE. POURQUOI À TOI AI-JE ENVIE DE PARLER DIFFÉREMMENT ? POURQUOI À TOI RESTERAIS-JE SILENCIEUX SI TU ME LE DEMANDAIS ET BAVARD SI TU M'EN PRIAIS ? POURQUOI ME SEMBLE-T-IL IMPOSSIBLE DE TE PARLER DE LIVRES, ET MÊME M'EN PARLERAIS-TU TOI-MÊME, MON SILENCE NE CHANGERAIT PAS. OH SI, JE CROIS LE SAVOIR : ON NE PEUT PAS S'ÉTENDRE EN MÊME TEMPS SUR TOUTE LA LONGUEUR DU CHEMIN QUE L'ON PARCOURE. JE NE PEUX PAS TE PARLER DE LIVRE, CAR TU ES TOI-MÊME DES PAGES, ET QUE C'EST TOI QUI A RANIMÉ LA LECTURE EN MOI, LA DEUXIÈME LECTURE, CELLE DU NOM »

« TU ES SILENCE PLUS QUE SILENCE, CAR LE SILENCE FAIT DU BRUIT QUAND IL MEURT ; ET TOI VIENDRAIS-TU À MOURIR, TU Y RESTERAIS À L'INTÉRIEUR, ET NOUS NOUS DONNERONS LA MAIN »

DU BOUT DES DOIGTS SEULEMENT : UNE FEMME

«… PARCE QUE je sentais la jeune fille

je vivais dans l'ombre, et la nuit a achevé pour moi ce travail, qui était de nier les ombres » TU ES FEMME. FEMME LA NUIT, FEMME L'ABSENCE, FEMME L'OMBRE. CHLOÉ, TU ES LA FEMME, ET TOUT CE QUE TU TOUCHE NE T'ES PAS ÉTRANGER »

« TU VEUX M'APPRENDRE LE LATIN, ET MOI JE VEUX T'APPRENDRE, TE PRENDRE ENTRE MES BRAS ET MES CARESSES, ENTRE MON VISAGE, ENTRE NOS DEUX CORPS. NOUS NE SERONS QUE DES CORPS, NOUS NE SERONS QUE DES GESTES, NOUS NE SERONS QUE DES LIVRES, DES BLOCS DE SILENCE SUR TOUTE LA SURFACE DE NOTRE CHAIR

je sentais la jeune fille, c'était dans l'ombre de ces pièces immenses, si grandes que la lumière de la lampe arrivait à peine à les atteindre

MAIS DONT LES ENTRAILLES PARLENT POUR NOTRE EXISTENCE, ET LA JUSTIFIE. »

je n'aurais jamais voulu m'arrêter d'entendre les murmures

« QUE VEUT DIRE *OMBRE* SI OMBRE IL Y A TOUJOURS EUT ? »

« QUE VEUT DIRE *NUIT* SI LE LANGAGE A TOUJOURS ÉTÉ EFFACÉ DERRIÈRE TOI ? »
« QUE VEUT DIRE *DEUIL* SI LE TEMPS A TOUJOURS SOMBRÉ ? »
« QUE VEUT DIRE *LARMES* SI TU AS TOUJOURS ÉTÉ AU FOND DE LA SOURCE ? »
(LA SOURCE DONT JE PARLAIS ÉTAIT CELLE D'UN LAVOIR)
« QU'EST-CE QUE JE VEUX DIRE PAR *SOMMEIL* SI MOI-MÊME AI TOUJOURS DORMI ? »
« QUE VEUT DIRE *LIRE* ET *ÉCRIRE* QUAND ON SAIT QUE LISANT ET ÉCRIVANT je sentais la jeune fille
et je n'interromprai pas ces murmures :
« Tu n'as de commencement ni de fin, car tu n'apparais que sur cet instant où je pouvais te sentir. Je ne te vois qu'à ce moment-là et je ne peux te voir que par l'instant où je t'ai senti. Cet instant, qui n'a ni passé ni débordement, est sorti un peu comme un rêve, et plus rien ne le sépare de la nuit. »
je sentais la jeune fille
« C'est à croire que j'ai souri à ces œuvres qui occupent les murs du château. Toutes sont noires, comme des morceaux de nuit. Et les regardant il me semblait voir le ciel qui nous gardait lorsque nous étions l'un contre l'autre. » LE TEMPS S'ÉCARTE, COMME UNE MAIN QUE JE PASSERAIS ENTRE TES CHEVEUX, COMME DES FIBRES QUI S'ENTROUVENT ? »
« QUE VEUT DIRE *AIMER* SI TOI-MÊME A DE L'AMOUR POUR TANT DE CHOSES ? »
« QUE VEUT DIRE *CHLOÉ WEGMANN*, SI C'EST TON NOM, SI C'EST LE NOM DANS LEQUEL TU VIS, ET SI SURTOUT C'EST LE NOM QUE JE CHANTE ? »
JE POURRAIS PARLER À L'ABSENCE
JE POURRAIS PARLER AU TEMPS
JE POURRAIS PARLER AU VIDE
MAIS CES DIALOGUES ET CES LIGNES, AUTANT DE MOTS QUE D'ERRANCES, IL ME SEMBLAIT LES AVOIR ARRACHÉS, NON PAS SEULEMENT À MON CORPS, MAIS À MON ÊTRE IMPRÉGNÉ DANS UN LIEU, EN ACCORD AVEC SES SONS, AVEC

SA SPLENDEUR ET AVEC SON TEMPS ET SA LUMIÈRE
ET JE POURRAIS MÊME PARLER AUX MOTS EUX-MÊMES (QUI EN MOI IL EST VRAI POUVAIENT SE FAIRE ENTENDRE AUTREMENT)
DISONS la nuit a parlé pour nous « FEMME », PAR EXEMPLE : « JE TE PARLERAI LONGTEMPS, FEMME. JE SAIS QUE TU M'ENTENDS ET JE SAIS QUE TU M'ATTENDS. JE CONNAÎS TA MÈRE AUSSI, ET TA GRAND-MÈRE : *FE-ME,* PUIS *FE-MA*, EN LATIN *FEMINIMUS* DE *FEMINA*, DÉRIVÉ DE *FEMELLE* AUSSI. ET JE CONNAIS LES ENFANTS QUE TU AS DONNÉS : *FÉMINISER*, *FÉMININ*, *FÉMINISATION*, *FÉMINISME*, *FÉMINITÉ*, *EFFÉMINER*... TU M'AS DÉJÀ DIT DE NOMBREUSES CHOSES, CERTAINEMENT BIEN PLUS QUE CE QUE JE TE DONNERAI. TU ES COURT ET POURTANT BEAU. TU ES MOT ET POURTANT HOMME. JE FUS DANS CE QUE TU ES. JE NAQUIS DANS CE QUE TU RESTES. J'AIME CE QUE TU SERAS. J'AIME TA VOIX. J'AIME TON CORPS. J'AIME TE TOUCHER. UN JOUR, JE SERAI MORT, ET JE NE T'AURAI MÊME PAS CONNU. »
JE CARESSAIS LA JEUNE FILLE
NI LES PAGES NI L'ENCRE N'ÉTAIENT DES LIMITES
NI LE JOUR QUI LE MATIN, QUAND À PEINE AVAIS-JE OUVERT LES YEUX, ME DÉSIGNAIT LA SOLITUDE DANS LAQUELLE J'ÉTAIS, CETTE ABSENCE DE PRÉSENCE À MES CÔTÉS, CHLOÉ PEUT-ÊTRE
MAIS IL Y A QUELQUES JOURS, CE FUT DIFFÉREND
JE M'ÉTAIS TOUT D'ABORD RÉVEILLÉ ET J'AVAIS VU SA FORME SOUS LES DRAPS, COMME UNE BOUGIE AVEC SON CORPS DE CIRE ET AVEC SA FLAMME DE CHEVEUX
PUIS JE M'APPUYAI CONTRE ELLE ET APRÈS AVOIR LAISSÉ GLISSER MES DOIGTS DE SON ÉPAULE JUSQU'À SON POIGNET, ELLE PRIT MA MAIN, QU'ELLE SERRA DANS LA SIENNE : ELLE S'ÉTAIT RÉVEILLÉE AVANT MOI
DEHORS C'ÉTAIT L'ÉTÉ
ET L'ÉTÉ NOUS CONDAMNAIT PAR SA CHALEUR AU MOINDRE DES GESTES, COMME S'IL NE NOUS PERMETTAIT AUCUN EFFORT, AUCUNE PAROLE, SANS NOUS ALOURDIR

FATALEMENT
IL FAISAIT LITTÉRALEMENT COLLER NOS DEUX CORPS ET NOS FORCES
L'ÉTÉ S'APPUYAIT AUSSI SUR NOUS
IL S'INCORPORAIT À NOTRE PEAU, PUISQUE NOUS N'EN AVIONS QU'UNE
LAISSER ACCROÎTRE SON DÉSIR, C'EST SE CONDAMNER À SOUFFRIR
ET MOI EN CARESSANT LA JEUNE FILLE, EN FRÔLANT SON VENTRE, EN TOUCHANT SES JAMBES, JE BÂTISSAIS CONSCIEMMENT L'ACCROISSEMENT DE CE MÊME DÉSIR
« FAIS-MOI VIVRE, DIT LE DÉSIR, CAR SI JE NE VIVAIS PAS TU NE SERAIS PAS UN HOMME MAIS UN ANIMAL. FAIS-MOI SURVIVRE MÊME, FAIS-MOI TRAVERSER TON CORPS. JE VEUX QUE TU TÉMOIGNES ET JE VEUX QUE TU DISES CE QUE JE SUIS. JE VEUX QUE TU ME RENDES CÉLÈBRE. MOI-AUSSI JE VEUX ALLER TRANQUILLEMENT PARMI LE VACARME ET LA HÂTE, ET EN ME SOUVENANT DE LA PAIX QUI PEUT EXISTER DANS LE SILENCE. JE VEUX QUE TU OUBLIES TA JEUNESSE. JE VEUX QUE TU SOIS VIEUX, TRÈS VIEUX, AU COUCHANT DE TA VIE, POUR QUE TU RESTES PROSPÈRE ET QUE LA FOLIE TE PARAISSE LOINTAINE, TROP LOINTAINE POUR QUE TU PUISSES LA TOUCHER. NE M'OUBLIE PAS. »
J'AVAIS ÉCRIT *CHLOÉ WEGMANN* EN TITRE SUR LES BROUILLONS DE CE LIVRE
C'EST TOUJOURS ÉTRANGE, POUR UN HOMME, DE VOIR ÉCRIT LE NOM DE LA FEMME QU'IL AIME ; EN LE RELISANT IL A L'IMPRESSION DE TROUVER UN CORPS
JE TOUCHAIS LE NOM SUR LA PAGE, JUSQU'À LA DÉMENTE CARESSE DU NOM, ET CE SERAIT SES DOIGTS À ELLE QU'IL ME SEMBLERAIT PRENDRE
CE SERAIT MÊME COMME PLONGER LE BOUT DES DOIGTS DANS UN RUISSEAU EN MOUVEMENT, ON N'Y PERCEVRAIT QUE TRÈS MAL LE REFLET, ET L'OMBRE ELLE-MÊME SE FERAIT BOIRE – FOLLEMENT – : L'OMBRE SE FERAIT BOIRE PAR DE L'EAU

ET LA CONTEMPLATION N'EST PAS LE TOUCHER, MAIS JUSTE LE SOUVENIR DU TOUCHER
C'EST LE SOUVENIR DE LA GRANDEUR CONSIDÉRÉE DANS UNE MAIN OU UNE JOUE
JE CROIS QU'IL N'Y AVAIT PAS DE GRANDE CONTEMPLATION SANS TOUCHER, CAR TOUT ÊTRE, AUTANT QU'IL PUISSE S'EFFACER UN JOUR OU L'AUTRE, DOIT GARDER EN LUI CET *ÊTRE-LÀ* QU'IL FUT, CETTE TRACE D'ABYME QUI LE FISSURE ET LUI FAIT AUTREMENT PENSER LA MÉMOIRE
OU BIEN L'UTOPIE LE FAIT-ELLE RÊVER
LA LUMIÈRE EST-ELLE UTOPIE
LONGTEMPS JE PARLAIS D'ELLE
LA CONTEMPLATION N'EST PAS UNE UTOPIE, CAR C'EST DÉJÀ UN RAVISSEMENT TIRÉ DU RÉEL, DE L'INSTANT ET DES CORPS
CHLOÉ NE SERA QUE LE TENDRE RIDEAU QUI LAISSERAIT PASSER LE JOUR
JE CARESSAIS LA JEUNE FILLE SUR LE DOS
C'ÉTAIT CE FRAGMENT DE RÉALITÉ QUE J'AVAIS ET QUE JE CONTEMPLAIS DANS TOUT CE QUE J'AVAIS TRAVERSÉ DE PLUS VRAI PARMI LA FEMME ; UN INSTANT, JE ME DEMANDAIS SI CELA POUVAIT SE REFAIRE ; MAIS JE SAVAIS QUE ÇA NE SE POURRAIT, ET QUE CHLOÉ NE LE VOUDRAIT PLUS JAMAIS
JE DEMEURERAI L'UN DE SES MEILLEURS AMIS, QUI RESTERA À QUELQUES CENTIMÈTRES D'ELLE SEULEMENT, QUI L'EFFLEURERA PARFOIS, ET QUI CHAQUE FOIS VOUDRA TROUVER DU SENS À CET EFFLEUREMENT, EN Y PENSANT PRESQUE FOLLEMENT
MAIS JE SONGERAI TOUJOURS À REPRENDRE SA MAIN, LORSQUE JE ME PROMÈNERAI SEUL DANS LES BOIS DE MAUBEC, À QUELQUES CENTAINES DE MÈTRES DE CHEZ ELLE
JE LAISSERAI MA PAUME OUVERTE QUI IRA TOUCHER LE TRONC DES ARBRES ET LE BOUT DES BRANCHES
JE LAISSERAI MA PAUME OUVERTE QUAND JE

M'ALLONGERAI DANS LES PRAIRIES DE SON VILLAGE, EN PENSANT À ELLE
JE LAISSERAI MA PAUME OUVERTE, ET JE M'ÉTENDRAI LE LONG DES REMPARTS DE MAUBEC
UN AUTRE JOUR D'AILLEURS, UN JOUR QUI COMMENCAIT À S'ÉLOIGNER, J'ALLAIS À MAUBEC JUSTEMENT, ET EN ATTENDANT LA NUIT JE M'APPUYAIS CONTRE LES FORTIFICATIONS DE LA PETITE ÉGLISE QUI OCCUPAIT LE CENTRE DE L'ANCIEN VILLAGE
JE CROISAIS LES BRAS PENDANT QUE LA PIERRE VENAIT SUR LA SURFACE DE MON DOS, COMME SI J'Y AVAIS ÉTÉ MOULÉ ET INCORPORÉ
J'AIMAIS Y FAIRE REPOSER MA TÊTE EN LA TENANT HAUTEMENT, ET J'ATTENDAIS
C'ÉTAIT LE SOIR QUE J'AIMAIS MARCHER DANS MAUBEC (COMME DANS TOUS LES VILLAGES ET DANS TOUTES LES VILLES) MAIS DANS CELUI-CI PLUS PARTICULIÈREMENT PARCE QUE LE SILENCE S'Y MARIAIT AVEC LA LUMIÈRE JETÉE HORS DE LA PIERRE, ET PARCE QUE MON ABSENCE SE MIRAIT DANS L'ABSENCE DE CHLOÉ, DANS CE COLLOQUE, À LA FOIS PRÉCIS ET INIMAGINABLE, DE TOUS LES NOMS QUE JE CONNAISSAIS, DE TOUS LES VISAGES QUE JE POUVAIS VOIR, DE TOUS LES LIVRES QUE J'AVAIS LUS
JE M'ÉTAIS RETIRÉ D'UN MONDE ET JE L'AVAIS FAIT AVEC ENCHANTEMENT, C'EST-À-DIRE SANS PLUS ME SOUCIER DE CE QUE J'AVAIS LAISSÉ
PAR L'ÉCRITURE SEULE JE ME MANIFESTAIS, ET JE NE ME MANIFESTAIS MÊME PAS À LA VIE
SOUVENT JE ME PROMENAIS, MAIS JE ME PROMENAIS SI SEUL (CAR IL Y AVAIT TOUJOURS DES DEGRÈS DE SOLITUDE) QU'AYANT AUSSITÔT TRAVERSÉ DES BOIS, CEUX-CI SE RENFERMAIENT SUR LA TRACE DE MES PAS
« NOUS N'AVONS PAS VU D'HOMME, DISENT LES BOIS, PERSONNE NE NOUS A EFFLEURÉ. NOUS N'AVONS RIEN ENTENDU. OU BIEN SI, PEUT-ÊTRE UN SIFFLOTEMENT, MAIS ALORS CE N'ÉTAIT QUE LE CHANT DES OISEAUX. NOUS

SOMMES UN MONDE. NOUS SOMMES LE MONDE DU TOUCHER. NOUS SOMMES LE MONDE DE L'OUBLI. LA PAROLE N'A PAS LIEU EN NOUS, ET LE REFLET DES HOMMES, QUAND NOUS EN VOYONS, NOUS LE VOYONS EN NOUS DISANT QU'UNE PARTIE D'ENTRE NOUS VA DISPARAÎTRE. LE REFLET DES HOMMES EST UN REFLET TRÈS VIOLENT : IL ENTRAÎNE SES MACHINES DE GUERRES ET SON BRUIT. C'EST UN FLÉAU »

« NOUS NE SAVONS RIEN DE CET HOMME, CONTINUENT LES BOIS, ET SON OMBRE, SI OMBRE IL AVAIT, N'AURAIT ÉTÉ QU'UNE OMBRE PARMI LES OMBRES. MARCHERAIT-IL, NOUS DIRIONS QU'ICI TOUTES LES OMBRES BOUGENT. ELLES SAVENT ERRER. NE LES SOUS-ESTIMEZ PAS NON PLUS : LES OMBRES PARLENT. L'UNE D'ENTRE ELLES MURMURE, D'AILLEURS, ET SON MURMURE SE FAIT SI FORT EN NOUS QU'IL SE DÉPOSE SUR LE TEMPS ET SUR LES HEURES. SON MURMURE N'A PAS D'APPARENCE ET ENCORE MOINS DE TOUCHER. SON MURMURE N'A PAS DE FORME. OU ALORS UNE FORME VISIBLE SEULEMENT, MAIS QUI N'EST PAS MALLÉABLE. SA FORME EST COMME LA PAGE D'UN LIVRE SANS ORDRES AVEC SON ÉCRITURE ; ET PUIS D'AILLEURS CE NE SERAIT PAS UN LIVRE. »

CES MOMENTS QUE JE PASSAIS SEUL SANS LA TOUCHER, J'AVAIS L'IMPRESSION QU'ILS CONSTITUAIENT D'ÉNORMES FRAGMENTS DE VIDES, ET J'AVAIS D'AUTANT PLUS DE FACILITÉ À CRÉER UN ÉCHANGE AVEC UN CHEMIN OU UN BOIS QU'AVEC N'IMPORTE QUEL HOMME SUR LA TERRE

MAIS CETTE FACULTÉ SE PERDAIT DÈS QUE JE ME RETROUVAIS AVEC CHLOÉ, ET DÈS CE MOMENT IL ME SEMBLAIT PLUS DIFFICILE DE DIRE QUELLE ÉTAIT MA FOLIE ET QUELLES EN ÉTAIENT SES LIMITES

AVEC ELLE, J'ÉTAIS AUX DEUX EXTRÊMES POSSIBLES DE CE QUE JE POUVAIS ÊTRE : SON PETIT-FILS, AVEC QUI CHLOÉ JOUERAIT, ET SON GRAND-PÈRE, QUI VOUDRAIT LUI DIRE TOUT CE QU'IL SAVAIT ET TOUT LUI APPRENDRE POUR

j'avais embrassé la jeune fille le soir

au matin, elle ne voulait plus que je l'embrasse, et je prenais ce refus comme la pire des fatalités, mais je restais serein
son baiser était un vestige, et donc un extrait de la terre
mais regardant à travers la fenêtre je ne savais plus ce que je faisais, ni moi ni personne
le goût de la fenêtre me prenait et m'arrachait à mon corps
QU'ELLE SOIT PLUS HEUREUSE À TRAVERS LE MONDE, ET QU'ELLE NE TOMBE PAS DANS LA VANITÉ DES FOULES
J'ÉTAIS CET HOMME-LÀ AVEC ELLE : DANS UN AUTRE MONDE
MAIS CELA NE CHANGEAIT RIEN À LA PHRASE : « JE CARESSAIS LA JEUNE FILLE », CAR JE NE M'ARRÊTAIT PAS DE LE FAIRE
CAR L'ON NE CHANGEAIT PAS LES SOUVENIRS, ET JE M'APPLIQUAIS DURANT DE LONGUES HEURES À GARDER UN FRAGMENT ENTIER – IMBU – DE TOUTE LA TENDRESSE QUE J'AVAIS DONNÉ À CE MOMENT-LÀ ET J'EN TIRAIS, DANS MON ESPRIT, TOUTE SA FORCE
MAIS C'ÉTAIT UNE FORCE HEUREUSE, CELLE D'UN HOMME D'ÉTAT QUI SIGNERAIT POUR SON PAYS UN TRAITÉ DE PAIX
LA LECTURE DU ROYAUME
C'ÉTAIT MON BONHEUR, COMME JE L'AVAIS ÉCRIT PLUS HAUT, QUE D'ENTENDRE AU FOND DE SOI « SI TU VEUX... », QUAND ON POUVAIT ÉCRIRE UN LIVRE QUI NOUS TENAIT À CŒUR
« J'ÉTAIS HEUREUX » AVAIS-JE ÉCRIT
MAIS J'AURAIS PU ÉCRIRE : « J'ÉCRIS » CAR CELA CORRESPONDAIT À CE QUI DE PRÈS OU DE LOIN ÉTAIT LA SOURCE, NON SEULEMENT DES MOTS, MAIS AUSSI D'UNE MATIÈRE PLUS DENSE, ET QUI ÉTAIT TOUT À FAIT ILLISIBLE
JE CARESSAIS LA JEUNE FILLE, MA MAIN PARCOURAIT SON ÉPAULE NUE ET CHAUDE
ET QUAND APRÈS J'Y POSAIS MES LÈVRES JE SENTAIS SUBITEMENT CE LIEU S'IMPRÈGNER SUR MON PROPRE MOI, ET JE SAVAIS CE QUE J'AVAIS FAIT : JE L'AVAIS FAIT DEVENIR MIEN
TOUCHER, C'EST S'OFFRIR ET C'EST DÉPOSSÉDER EN MÊME

TEMPS
JE CARESSAIS LA JEUNE FILLE, ET
PARFOIS JE NE LE FAISAIS QUE PAR MON VISAGE
JE TOUCHAIS UNE SURFACE QUI N'ÉTAIT PAS LA MIENNE
MAIS SUR LAQUELLE J'AJOUTAIS MA PRÉSENCE
C'ÉTAIT COMME PEINDRE D'IMMENSES CERCLES BLANCS
SUR UNE TOILE BLANCHE
J'ÉCRIVAIS
CES MOTS SORTAIENT DE MA MAIN
ET J'ADOPTAIS À LEUR ÉGARD UNE APTITUDE
BRUTALEMENT FRATERNELLE
ILS SORTAIENT D'UN SILENCE QUE JE NOMMAIS « OMBRE »
ET L'OMBRE FAISAIT RÉGNER UNE PAIX QUI ELLE ME
SEMBLAIT TOUTE INTÉRIEURE
J'AVAIS ACQUIS L'EXISTENCE D'UN ROYAUME
PLUS BEAU ENCORE, C'ÉTAIT LA TRANQUILITÉ
C'ÉTAIT SON ROYAUME À ELLE :
« JE TE TIENS, DIT LA TRANQUILITÉ, JE TE TIENDRAI
LONGTEMPS. VOUDRAIS-TU PARTIR QUE TU NE LE POURRAIS.
AURAIS-TU DE LA HAINE QU'AVANT MÊME DE TE LE DIRE JE
L'AURAIS FAIT DISPARAÎTRE. JE SUIS L'OMBRE QUI T'A TOUT
APPRIS. JE T'AI FAIT NAÎTRE C'ÉTAIT LA GUERRE, ET JE TE
FERAI MOURIR AU MOMENT OÙ JE VOUDRAI. TU M'AIMES
BEAUCOUP. JE T'AIME BEAUCOUP. ET TU AIMES CHLOÉ.
L'ŒUVRE QUE TU TIENS TIENT À ELLE, ET ELLE QUI TE
TIENT, TOI, TIENT À MOI. NE M'OUBLIE PAS. ÉCRIS POUR NE
PAS M'OUBLIER. ÉCRIS L'ABSENCE POUR RANIMER CE
DERRIÈRE DE LA RÉALITÉ QUE TU CONTEMPLES. VA
TRANQUILLEMENT PARMI LE VACARME ET LA HÂTE, ET
SOUVIENS-TOI DE LA PAIX QUI PEUT EXISTER DANS LE
SILENCE. JE TE SUIVRAI ET TU POURRAS M'EN REMERCIER.
JE TE FERAI VIVRE ET TU POURRAS M'EN DONNER LA VIE :
CE QUE TU NOMMES AU FOND DE TOI *ÉCRITURE*. »
QU'EST-CE QUE LE TOUCHER, SINON, PUISQUE LES
PERSONNES QUI TOUCHÈRENT UN ÊTRE N'AVAIENT JAMAIS
NI LES MÊMES MOTS NI LE MÊME CORPS

JE CROIS QUE TOUCHER ÉTAIT CE GESTE ABSOLU DE LA SOLITUDE QUE LES VIVANTS ATTEIGNAIENT SOUVENT MAIS AUQUEL ILS N'ATTRIBUAIENT JAMAIS LA MÊME DÉFINITION
ET PUIS D'AUTRES COMME MOI, S'ILS TRAVAILLAIENT À SCULPTER LA VÉRITÉ, VOYAIENT BIEN QUE LA RÉALITÉ N'ÉTAIT PAS, CAR ERRANTE ELLE ÉTAIT INSAISISSABLE
UN INSTANT JE LA TENAIS
L'AUTRE INSTANT ELLE NE POUVAIT PLUS ÊTRE LA MÊME
CES SENSATIONS QUI DÉFILAIENT DANS MON CORPS NE SE PRENAIENT QUE SOUS UN FLUX DE RENOUVELLEMENTS
LA RENAISSANCE
ET JE ME PLAISAIS À LES TOUCHER ET À LES SENTIR VIBRER DIFFÉREMMENT
MAIS JE PENSAIS AUSSI À UN LIVRE QUI NE SERAIT PAS SEULEMENT ÉCRIT ET PAS SEULEMENT VÉCU, MAIS QUI JAMAIS NE S'ÉCRIRAIT TOUT À FAIT, COMME JE L'AVAIS DIT, CAR TOUS LES PHÉNOMÈNES DE PERCEPTIONS S'Y MÊLERAIENT
CHLOÉ, EN MOI, TRAVAILLAIT CETTE MÊME VÉRITÉ
ÉCRIRE POUR PASSER DES DÉTROITS, POUR TROUVER CE QUI NE S'ÉTAIT PAS FAIT AUPARAVANT MAIS QUE JE CONSIDÉRAIS COMME MA MORALE INTIME ET DÉJÀ COMME MA SEULE PRÉSENCE AU MONDE
ÉCRIRE POUR RENOUVELLER
ÉCRIRE POUR TOUCHER CE QUI NE L'AVAIT PAS ÉTÉ, POUR JOUIR DE LA SOLITUDE ET D'UN RAPPORT À SOI QUI FAISAIT AIMER L'AUTRE, DANS SA SPLENDEUR OU DANS SES DÉFAUTS, DANS SA SPLENDEUR *ET* DANS SES DÉFAUTS
J'AVAIS ÉCRIT CETTE PHRASE UN PEU PLUS HAUT :
« J'AVAIS ACQUIS L'EXISTENCE D'UN ROYAUME »
ET CE ROYAUME ME SEMBLAIT ÊTRE UNE IMMENSE PEINTURE DE LA NUIT
JE POURRAIS Y COURIR, OU AU MOINS Y MARCHER POUR FINALEMENT M'ALLONGER À UN ENDROIT QUI N'EN ÉTAIT PAS UN, QUI AURAIT ÉTÉ LE MÊME SI J'AVAIS MARCHÉ PLUS LONGTEMPS ET QUI AURAIT ÉTÉ LE MÊME SI JE M'ÉTAIS

ARRÊTÉ AVANT
TOUT EXISTERAIT DANS CETTE NUIT, ET MOI JE VIVRAIS PAR CETTE ENCLAVE QUI NE POURRAIT REJOINDRE LE MONDE
CHLOÉ, ELLE, SERAIT UNE LIGNE QUE SUIVRAIENT MES MOTS ; ET JAMAIS JE N'ARRÊTERAI CETTE LIGNE
MON SEUL AMOUR N'AVAIT ÉTÉ ET NE SERA QUE LE LANGAGE, MAIS CHLOÉ ÉTAIT L'OBJET DE CE LANGAGE, SA FINALITÉ ET SA MORALE
SA FORME SE DESTINAIT À CET ÉCHANGE, CAR CHLOÉ ÉTAIT L'ŒUVRE QUE JE VOULAIS PORTER
PAR L'ART SEULEMENT IL ME SEMBLAIT VOIR CE QUE J'AVAIS ATTENDU ET CHAQUE JOUR QUE JE TOUCHAIS DES MOTS LA VISION QUE J'AVAIS EUE DE LA VEILLE SE RENOUVELLAIT
EN VIVANT DE LA SORTE IL ME SEMBLAIT AUSSI FAIRE MON ŒUVRE, QUAND JE POUSSAIS LA CONTEMPLATION DEVANT MOI ET QUAND JE PRIAIS L'HEURE DE NE PLUS AVANCER ET DE ME LAISSER JEUNE, DANS DES ABSTRACTIONS QUI N'AVAIENT PAS TOUJOURS EU LIEU, J'EN CONVENAIS, MAIS QUE J'AIMAIS PARCE QUE JE LES VIVAIS
« JE TE MÈNE À ELLE, DIT LE LANGAGE, JE T'Y MÈNE ET JE M'EN VAIS. TU LUI TIENDRAS LA MAIN ET TU LUI CARESSERAS LA JOUE, ELLE COMPRENDRA ; JE TE MÈNE À ELLE ET JE SUIS LE SEUL QUI LE FERA, MAIS JE N'EN FERAI PAS DAVANTAGE ; ET TU SAIS POUR QUELLES RAISONS : C'EST PARCE QUE JE N'ATTEINS PAS LE GESTE. »
JE CARESSAIS LA JEUNE FILLE AVEC MES LÈVRES
J'ALLAIS JUSQU'À SA BOUCHE MAIS ELLE NE VOULAIT PAS QUE JE L'EMBRASSE, ET CE FUT DONC LA SEULE RÉPONSE QUI LUI VALUT LES PLUS INTENSES CARESSES SUR SON VISAGE, SUR SES PAUPIÈRES, CES LIEUX QUI NE SE VISITAIENT PAS ET QUI RESTAIENT INTIMES, NON PAS SES JOUES CAR ELLES ÉTAIENT BIEN SOUVENT EFFLEURÉES PAR BEAUCOUP DE MONDE, BIEN QUE CHLOÉ N'AIMAIT PAS FAIRE LA BISE, MAIS SON NEZ ET SON MENTON, SON FRONT ET LES BORDURES DE SES YEUX, LE GRAIN DE BEAUTÉ AU-

DESSOUS DE SON ŒIL GAUCHE, COMME AUTANT DE MONDES
QUE LE MONDE LUI-MÊME NE POURRA CARESSER
QUI ÉTAIT LA JEUNE FILLE SI CE N'ÉTAIT NI MA FILLE NI MA FEMME
ELLE ÉTAIT TOUT CE QUE J'AVAIS CONNU, OUTRE MON AMIE, CAR JE NE VOULAIS PAS QU'ELLE LE SOIT DANS LE CHOIX LIBRE QUI SE PRÉSENTAIT À MOI ET DANS LA PLUS NATURELLE DES POSSIBILITÉS QUE J'AVAIS
J'ÉCRIVAIS UN LIVRE QUI PORTAIT SON NOM MAIS JE NE LA CONNAISSAIS QUE PEU
JE LE COMPRENAIS EN TOUCHANT DES MOTS ET JE VOULAIS RANIMER EN MOI LE SOUVENIR QUE C'ÉTAIT BIEN ELLE QUE J'AVAIS TOUCHÉE, AUSSI BELLE QUE JE POUVAIS LA TROUVER
J'AVAIS ÉCRIT LE MOT « ROMAN » COMME J'AURAIS ÉCRIT MON PROPRE NOM ET COMME J'AURAIS DIT « BONJOUR MADEMOISELLE » DANS LE PLUS HABITUEL DES ÉCHANGES QUE J'AURAIS EU AVEC UNE JEUNE FILLE QUE JE NE CONNAÎTRAIS PAS
MAIS « CHLOÉ WEGMANN » BRISAIT BIEN DES PORTES ET NE SE CONTENTAIT PLUS DE LES OUVRIR
PARFOIS JE ME DÉGOÛTAIS DE CE LIVRE ET L'ABANDONNAIS SOUVENT, JE LE LAISSAIS AVEC FIERTÉ, MAIS LE LENDEMAIN JE LE TOUCHAIS AVEC LA CERTITUDE DE NE PAS CONNAÎTRE CHLOÉ WEGMANN ET DE NE PAS AVOIR LE DROIT DE ME DONNER SON NOM
CAR IL EST VRAI QUE JE POSSÉDAIS SON NOM, ET JE CROIS PLUS QU'ELLE-MÊME, LES MOMENTS OÙ J'ÉCRIVAIS, DANS LA SEULE PERSPECTIVE D'AVOIR À FAIRE NON PAS UN LIVRE MAIS DES MOMENTS TRAVERSÉS, DE LA MATIÈRE QUI NE POUVAIT ÊTRE QUE CELA, PUISQUE CHLOÉ WEGMANN SE TROUVAIT EXISTER
JE CARESSAIS LA JEUNE FILLE
JE LAISSAIS MES DOIGTS GLISSER EN BAS DE SON VENTRE FIN
JE POUVAIS ME CROIRE HEUREUX D'ÉCRIRE CETTE PHRASE

ET JE POUVAIS ME CROIRE
JE NE SERAI PAS L'UN DE CES AMANTS QUI RÊVAIENT DES ANNÉES ET DES ANNÉES ENTIÈRES D'UNE MUSE SANS MÊME POUVOIR L'APPROCHER, CAR LA MIENNE S'ÉTAIT FAITE MA FIANCÉE DURANT UN JOUR AVEC LA CERTITUDE DE COUPER CETTE RELATION LE LENDEMAIN, CERTITUDE QU'ELLE M'AVAIT GARANTIE EN ME REGARDANT
J'IGNORAIS ENCORE SI ELLE AVAIT VU MA BLESSURE, QUE J'ÉPROUVAIS COMME UNE CHUTE IMMOBILE, FACE À L'INSTANT APOCALYPTIQUE, MAIS QU'ELLE ÉNONCAIT, ME SEMBLAIT-IL, AVEC UN NATUREL QUI NE LA TROUBLAIT EN RIEN, SAUF PEUT-ÊTRE SA VOIX QUI TREMBLAIT, MAIS QUI N'ÉTAIT RIEN PAR RAPPORT À CE QUE JE TRAVERSAIS, ET DONT L'IMAGE, LE MOMENT ET LA CAVERNE, ALLAIENT ME TORTURER AVEC LENTEUR
MAIS ELLE TENTAIT DE ME FAIRE COMPRENDRE QUE C'ÉTAIT LE SEUL MOYEN DE NE PLUS OUVRIR DE BLESSURES, CAR, DISAIT-ELLE, ELLE NE M'AIMERAIT PAS ASSEZ
SUR QUOI JE RÉPONDIS QUE CE QUE L'ON VENAIT DE VIVRE ME SUFFISAIT, MAIS ELLE CONTINUA EN ME DISANT QUE ÇA NE POURRAIT MÊME PAS ÊTRE AINSI, LA PLUPART DU TEMPS CE QUE BEAUCOUP APPELAIENT « AMOUR » JE REFUSAIS DE NOMMER
ET JE N'AIMAIS PAS CE QUI SE NOMMAIT « AMOUR », CAR C'ÉTAIT UNE PASSION SANS ŒUVRE
J'AVAIS PRÉFÉRÉ LE SILENCE ET L'EFFACEMENT, LE MÊME CHOIX QUE CELUI DE MA PERSONNE, C'EST-À-DIRE L'ÉCRITURE PRÉFÉRÉE À LA PAROLE, OU DU MOINS À TOUS LES FLOTS INUTILES QUE J'AVAIS TROP ENTENDU JUSQU'À CE JOUR ET DONT J'ÉTAIS DÉCIDÉ DE NE PLUS SUBIR LA NUISANCE, VOIRE LA PITIÉ, QU'ILS M'INFLIGEAIENT
LONGTEMPS J'AI IGNORÉ CE QU'ÉTAIT L'ABSENCE
AU COMMENCEMENT, CE N'ÉTAIT QU'UN FOND SANS VOIX, PRESQUE UNE TOMBE, ET QUI N'AVAIT D'ESSENCE QUE DANS L'IMPOSSIBILITÉ QU'ELLE AVAIT À SE MANIFESTER AU MONDE, C'EST-À-DIRE RIEN, C'EST-À-DIRE LA NUIT, LE

SOMMEIL, LA MÉMOIRE ET L'ERRANCE
JE PENSAIS À UN VOILE POUSSÉ PAR LE VENT, APERÇU UN JOUR, DISPARU LE LENDEMAIN
et les phrases aussi étaient des apparences
elles n'avaient fait que me traverser
un homme qui marche seul et qui lit perçoit en lui les lois de son silence
il y apprend le corps et l'apparence, l'instant et le devenir, la connaissance et l'inintelligibilité
Chloé était l'un de ces mots retirés dans l'ordre du désir
JE PENSAIS À UNE OMBRE AU FOND D'UN BAR
JE PENSAIS À UN LECTEUR SUR LA TERRASSE DE CE BAR
JE PENSAIS À UN HOMME SEUL À LA LISIÈRE D'UN BOIS
AUJOURD'HUI, RIEN NE ME SEMBLAIT PLUS FASCINANT
JE PENSAIS À CHLOÉ
JE CARESSAIS LA JEUNE FILLE
JE L'AVAIS CARESSÉE ET J'AIMERAIS LE FAIRE ENCORE
JE CROIS QUE CET INSTANT PORTAIT LA MÉMOIRE, QU'IL LE FAISAIT ET QU'IL LE FERAIT ENCORE
CAR DANS TOUTE LA GRÂCE QUE LA CONTEMPLATION ME FAISAIT TRAVERSER JE POUVAIS PRESQUE ME RÉJOUIR D'AIMER
CELA ME SEMBLAIT UNE POSSESSION EXCLUSIVE,
SANS LA MOINDRE FRONTIÈRE, UNE DÉVOTION ARDENTE
QUE J'AVAIS DE CETTE LUXURE ABANDONNÉE AU SOUVENIR,
SI SIMPLE QUE, LES JOURS AVAIENT BEAU PASSER, JE L'AURAIS TOUJOURS IMAGINÉE LA VEILLE
JE ME RÉVEILLAIS AU MILIEU DE CE SOUVENIR
MAIS CET ÉTÉ-LÀ, DANS L'ABSENCE, J'AVAIS DÉCIDÉ D'EN RESTER LÀ ET DE ME COUPER DU MONDE
J'ALLAI PASSER L'ÉTÉ DANS UN CHÂTEAU, EN LOMAGNE,
À 25 KILOMÈTRES DE BEAUMONT,
DANS UN VILLAGE AU MILIEU D'UN DÉSERT DE CHAMPS ET DE PETITS BOIS
LE CHÂTEAU SE DRESSAIT SUR LE HAUT DU VILLAGE ET IL FUT BÂTI VERS 1340 ENVIRON

DEUX TOURS S'OPPOSAIENT EN DIAGONALE DU BÂTIMENT,
L'UNE ÉTAIT ARRASÉE AU NIVEAU DE LA TOITURE ET
L'AUTRE, LAQUELLE CONTENAIT L'ESCALIER, S'ÉLEVAIT À
PRESQUE TRENTE MÈTRES DE HAUTEUR
MAIS L'ESCALIER QUI MENAIT AU SOMMET ÉTAIT À
L'ABANDON ET DES EXCRÈMENTS DE PIGEONS EN GÊNAIENT
L'ACCÈS
CELA N'AVAIT CEPENDANT PAS EMPÊCHÉ QUE J'Y AMÈNE
CHLOÉ, LE JOUR SI FAMEUX OÙ J'AVAIS AGRÉABLEMENT PU
L'EMBRASSER
JE LUI AVAIS ALORS DIT DE PASSER DU CÔTÉ DE LA FENÊTRE
ET, L'AVANCÉE DANS LE MUR ÉTANT ÉTROITE, UNE SEULE
PERSONNE POUVAIT ALLER À LA FENÊTRE, EXCEPTION FAITE
SI UNE DEUXIÈME PERSONNE SE COLLAIT À LA PREMIÈRE ;
MAIS CELA SE FERAIT EN CONDAMNANT LE RETOUR DANS
LA TOUR À LA PREMIÈRE PERSONNE ; IL AURAIT FALLU
ATTENDRE QUE LA DEUXIÈME PERSONNE SE DÉGAGE POUR
QUE LA PREMIÈRE PUISSE PARTIR
MOI, J'ÉTAIS BIEN ENTENDU LA DEUXIÈME PERSONNE, ET
APRÈS LUI AVOIR DEMANDÉ DE L'EMBRASSER JE ME
HEURTAIS À UN REFUS CATÉGORIQUE DE LA PART DE CHLOÉ,
QUI AVAIT BIEN COMPRIS QUE LES CHOSES ALLAIENT
MAINTENANT SE FAIRE PLUS DÉLICATES, DIFFÉRENTES
SURTOUT
ELLE M'EMBRASSA SUR LA JOUE MAIS C'ÉTAIT SANS
CONVICTION
NOUS RESTÂMES PRESQUE DEUX HEURES SERRÉS L'UN
CONTRE L'AUTRE, EN HAUT DE LA TOUR
SOUVENT ELLE REPOUSSAIT MA MAIN, QUE J'AVAIS LAISSÉE
SUR SA JAMBE
LA TOUR NE FUT PAS LA VICTOIRE QUE J'AVAIS ESPÉRÉE, ET
JE CROIS QUE CE MOMENT FUT L'UN DES PLUS DOULOUREUX
PARCE QUE J'Y AVAIS MIS BEAUCOUP D'ESPOIR
MAIS CETTE NUIT AVEC ELLE, JE N'Y AVAIS PAS SONGÉ, CAR
JE ME SOUVIENS TOUJOURS DES RÊVES DU JOUR
ILS ÉTAIENT PLUS SOUVENT À MOI QUE NE L'ÉTAIT LA

RÉALITÉ ELLE-MÊME, ET SI DANS UNE QUELCONQUE VÉRITÉ
JE POUVAIS VIVRE CE SERAIT CELLE QUE JE FACONNERAIS
DE PHRASES
JE DIRAIS : « JE CARESSAIS LA JEUNE FILLE », PAR EXEMPLE,
ET C'ÉTAIT UNE RÉALITÉ PLUS GRANDE QUE LES AUTRES
MAIS AVEC CHLOÉ C'ÉTAIT DIFFÉRENT, CAR NOUS SAVIONS
NOUS ÉCOUTER : POSER TOUTE NOTRE ÉCOUTE SUR LES
PAROLES DE L'AUTRE
NOUS EXPRIMIONS CETTE MÊME VOLONTÉ D'ABSENCE ET CE
MÊME DÉSIR DU SILENCE, AVEC NOS LIVRES, AVEC NOS
SOURIRES
EN RÉALITÉ JE NE L'AVAIS JAMAIS VUE ET ELLE NE M'AVAIT
QU'APERÇU
J'AVAIS CRU QU'ELLE M'AIMAIT MAIS CE N'ÉTAIT PAS VRAI,
DISAIT-ELLE, MAIS
JE DONNERAIS BEAUCOUP POUR QU'ELLE EN SOIT CERTAINE
JE SONGEAIS ET J'IMAGINAIS,
COMME DANS CE FAUX RÊVE OÙ JE ME VOYAIS MARCHER
DANS LES BOIS DE MAUBEC, SANS CONNAÎTRE CHLOÉ, SANS
MÊME CONNAÎTRE SON NOM
EN ME DÉGAGEANT DES BROUSSAILLES, J'APERCEVRAIS LA
SILHOUETTE D'UNE JEUNE FILLE AVEC SON ÂNE, EN HAUT
SUR LE CHEMIN
JE M'EMPRESSERAIS DE REJOINDRE LA PLACE QU'ELLE
AVAIT QUITTÉE ET JE LA VERRAIS AU BOUT DU CHEMIN QUI
RAMENAIT AU VILLAGE
COMME JE VIS QU'ELLE ÉTAIT BELLE JE VOUDRAIS LUI
PARLER
ELLE DISPARAITRAIT ET JE M'EMPRESSERAIS DE MARCHER
JUSQU'AU PETIT VIRAGE
J'ARRIVERAIS, ELLE DORMIRAIT SOUS UN ARBRE
JE M'ALLONGERAIS, MA TÊTE POSÉE SUR SON VENTRE, ET JE
L'ACCOMPAGNE-
RAIS
MAIS MON GRAND IDÉAL SERAIT DE L'AVOIR TOUJOURS ET
NON PAS TOUT *UN* JOUR, COMME J'EN AVAIS EU LE

PRIVILÈGE
ELLE GARDERAIT MES MAINS ET LES PRENDRAIT DE TEMPS
EN TEMPS
ELLE M'EMBRASSERAIT ET SE PROMÈNERAIT QUELQUEFOIS
AVEC MOI
ELLE SERAIT MA COMPAGNE
ELLE SERAIT MON ÉGÉRIE
ELLE SERAIT MA MUSE
ELLE SERAIT MA FEMME
ELLE SERAIT MA BIEN-AIMÉE
ELLE SERAIT MA REINE
ELLE SERAIT MA DULCINÉE
ELLE SERAIT MA DOUCE
ELLE SERAIT MON AMANTE
ELLE SERAIT MA FIANCÉE
ELLE SERAIT MON MODÈLE
ELLE SERAIT MON AMIE
ELLE SERAIT MON INSPIRATRICE
ELLE SERAIT MON ÉPOUSE
ELLE SERAIT MA CONJOINTE
ELLE SERAIT MA DAME
ELLE SERAIT MA MADAME
ELLE SERAIT MON AMOUREUSE
ELLE SERAIT MA MAÎTRESSE
ELLE SERAIT MA DESTINÉE
ELLE SERAIT MA PROMISE
ELLE SERAIT MA SOUVERAINE
ELLE SERAIT MA DÉESSE
ELLE SERAIT MON APHRODITE
ELLE SERAIT MON IDÉAL
ELLE SERAIT MON ALBERTINE
ELLE SERAIT MON AVENTURE
ELLE SERAIT MA GRÂCE
ELLE SERAIT MON BIEN-ÊTRE
ELLE SERAIT MON ORIGINE
ELLE SERAIT MON ŒUVRE

ELLE SERAIT MON ILLUSION
ELLE SERAIT MA FAIBLESSE
ELLE SERAIT MON MIRAGE
ELLE SERAIT MON EAU
ELLE SERAIT MA SOURCE
ELLE SERAIT MON SOURIRE
ELLE SERAIT MA CHAIR
ELLE SERAIT MON BONHEUR
ELLE SERAIT MA PASSION
ELLE SERAIT MA PRÉSENCE
ELLE SERAIT MA CHÉRIE
ELLE SERAIT MON TOUCHER
ELLE SERAIT CHLOÉ
MAIS NOUS N'AURIONS PAS LES MÊMES CONCEPTIONS DE
CE QUE L'ON ÉTAIT EN TRAIN DE VIVRE
CAR LE DOUTE LUI BARRAIT SON CHEMIN
ET MOI, J'ÉCRASAIS LE DOUTE
ET POUR UNE FOIS DANS MA VIE je sentais la jeune fille
« je sentirais la nuit en seul point sur ton corps : ce sont tes yeux. Ferme-les, et partons ensemble. A cet instant ton frêle souffle venait contre le mien, comme deux vents le feraient enlacés contre les murailles du château. Je m'appuyais contre toi et je t'embrassais, mes lèvres immobilisées sur les tiennes. Pendant ce temps, tu n'étais pas là. Et la seule chose véritable, ce n'était que fixer le vide devant moi, par-dessus la page, par-dessus la nuit regardée à travers une fenêtre, par-dessus l'heure. Je songeais à t'embrasser et à te sentir les cheveux, c'est-à-dire ce geste qui consiste à poser mon visage près de ton cou et à croire que je resterai toujours à cet endroit-là. Et je regardais la nuit à travers la fenêtre »
la nuit avançait et ne m'attendait plus
l'heure basculait dans la nouvelle face du jour
l'heure aussi n'attendait pas
à côté des fenêtres, il y avait des rebords de pierre
je m'y asseyais dessus et laissais le vent m'entourer le visage et le haut du corps JE NE VOULAIS PLUS RÉFLÉCHIR
JE ME SÉPARAIS MÊME D'UNE RÉALITÉ À LAQUELLE J'ÉTAIS

ATTACHÉ POUR CROIRE PLUS CRUELLEMENT À CE QUE J'ÉTAIS
LA NUIT HEUREUSE FERMAIT SES PORTES
ET JE CONNAISSAIS DEPUIS LE DÉBUT CE QU'IL SE PASSAIT :
J'AVAIS ACQUIS L'EXISTENCE D'UN ROYAUME
MAIS IL FALLAIT QUE JE ME DONNE TOUT À LUI, PUISQUE CHLOÉ S'ÉTAIT DONNÉE À MOI
ET DANS LA CONTEMPLATION RETROUVÉE ICI IL FALLAIT ME SOUVENIR DE NOS GESTES, COMME QUELQUES FISSURES QUE JE CHERCHERAIS AVANT L'ÉBRANLEMENT D'UN MUR
CE NE FURENT QUE CARESSES, FROTTEMENTS, ÉTREINTES
MON CORPS AU TOUCHER S'ÉTAIT OUVERT À LA SPLENDEUR, CAR IL ÉTAIT AVEC UNE JEUNE FILLE QUE, DURANT DES HEURES DE REGRET ET DE COURAGE, IL AVAIT VOULU ÉTREINDRE, EN PLUS DOUX QUE CELA, MAIS PLUS SAGEMENT PEUT-ÊTRE
JE ME RENDAIS COMPTE QUE LA CONTEMPLATION ALLAIT DANS TOUTES LES DIRECTIONS DU LANGAGE
C'ÉTAIT PORTER L'HISTOIRE ET SES RICHESSES
C'ÉTAIT SE MENER AU CŒUR D'UNE ATTENTE QUI, SI ELLE NE FINISSAIT JAMAIS, RÉJOUISSAIT LE CORPS DU FAIT QU'ELLE N'ALLAIT JAMAIS FINIR
ET PEUT-ÊTRE QUE je sentais la jeune fille
parfois, et à ces mots sur Chloé, il me semblait écrire sur l'essence de la nuit et sur la seule Absence
bien que je m'isolais, je ne pouvais en revanche rester inlassablement dans ces phrases
elles avaient quelque chose de réellement vide, mais de si vide que j'avais le sentiment de le devenir aussi, comme si ce livre m'arrachait à la vie et me dépouillait du jour, pour me remplacer par un corps, et je n'avais qu'à lever les yeux pour m'en apercevoir continuellement
une page signifiait une fenêtre que je devais voir, un air que je devais sentir en imaginant Chloé près de moi
et en la traduisant sous la matière de ces mots, je la sentais réellement, et souriais distraitement aux rangées de livres qui m'entouraient

je sentais la jeune fille
je sentais mon imagination s'emparer d'un coup de téléphone, d'une lettre, d'un coup frappé à la porte ou de l'appel de mon nom à travers la fenêtre
mais il n'y avait rien
vides les appels
vides les phrases
vide son amant
alors j'allais me promener dans la nuit et je m'enfonçais avec tranquillité dans le village
j'étais le seul, hormis les réverbères et les chats, qui se montrait encore
le château, du côté du jardin à la française, était illuminé,
je n'entendais pas la jeune fille parce qu'elle ne voulait pas que je l'entende
ou alors voudra-t-elle m'entendre avec une distance qu'elle aura choisie
je ne sais pas
mais elle comme moi se souviendra que nous avions rompu cette distance, un jour, et qu'un pont s'était fait et nous avait fait rencontrer
c'était un croisement des dernières heures, comme si nous venions d'entendre la Mort
c'était un croisement comme j'aurais aimé en avoir et qui, à chaque instant de franchi, était mon espérance de voir ses sentiments vivre encore pour moi
la nuit était cette mort, et il était beau de croire que l'on mourait tous les jours, et que la nuit, comme la mort, faisait d'elle une éternité de l'âge, que j'avais pris pour lecture
je crois que lire touchait à cette nuit, et je crois que lire me ramenait à la nuit
et à chaque fois il me semblait être prêt à recommencer, à recommencer toujours et à recommencer comme la fois précédente, parce que ce serait plus beau : je verrais les maux que je devais choisir
l'écriture n'avait pas fini et je n'avais pas fini avec elle
les pages coulaient et je les tournais
les eaux coulaient mais je me contentais de les entendre
à plusieurs reprises, j'avais voulu que Chloé soit là
la présence de Chloé me manquait au fur et à mesure que les jours

passaient et que mon éloignement se creusait
et le soir, quand le soleil venait de disparaître, ou que parfois un nuage rendait plus doux l'extérieur, je sortais et allais écrire dehors, la page parmi le paysage, les phrases plus air et plus images, un dialogue entre ces lavandes et moi, un paragraphe pour cette allée et une virgule pour cette faille qui lézardait les anciennes passerelles
MOI AUSSI ALLAIS ME RÉJOUIR DE NE PAS EN FINIR
OU D'EN COMMENCER PLUTÔT
PARCE QUE J'ÉTAIS PRÊT À RECOMMENCER
MOI SURTOUT JE VOULAIS RECOMMENCER
MAIS JE RECOMMENCERAI DANS MES RÊVES
ET JE RECOMMENCERAI DANS LES PAGES QUI DEVAIENT ÊTRE ÉCRITES
J'INVITERAI LE *RIEN* À VENIR
ET UN JOUR J'INVITERAI LE *RIEN* À S'EN ALLER
JE NE POUVAIS NOMMER CHLOÉ « MA FEMME » MAIS ELLE RESTAIT CES MOTS ET LE DEMEURAIT
QUAND JE ME PROMENAIS ET AVANT DE M'ENDORMIR, À MON RÉVEIL ET AU BOUT DE CES MAINS QUE JE REGARDAIS ASSEZ SOUVENT AVEC RECUL, AVEC LA DISTANCE ET AVEC LES MOTS, COMME SI ELLES POUVAIENT EXTRAIRE CHLOÉ DE L'ABSENCE ET ME LA DONNER UNE NOUVELLE FOIS
« QU'EST-CE QUE JE PEUX FAIRE AVEC TOI ET QU'EST-CE QUE JE PEUX FAIRE DE MOI AVEC TOI ? TU ES TROP BELLE POUR MOI. ET TU ES TROP BELLE POUR VIVRE AVEC UN QUI ÉCRIT. LE MATIN, TU TE RÉVEILLERAIS AVANT MOI, PARCE QUE JE VEILLERAIS ET PARCE QU'À CHAQUE FOIS JE M'ENFONCERAIS DANS LES HEURES, SANS PENSER QUE LES HEURES TE FERAIENTT DORMIR DANS MES BRAS. TU NE ME VERRAIS PAS DE TOUT LE MATIN PARCE QUE JE RESTERAIS AVEC MES LIVRES. JE DÉJEUNERAIS À PEINE ET JE RETOURNERAIS LIRE. LE JOUR DÉCLINERAIT ET ENFIN JE TE REJOINDRAIS. JE N'AI JAMAIS IMAGINÉ CE QUE TU FERAIS PENDANT TOUT CE TEMPS, MAIS JE POURRAIS ME DIRE QUE TU SERAIS EN TRAIN DE LIRE, TOI AUSSI, PARCE QUE TU AIMES BEAUCOUP LIRE. OU BIEN TU T'OCCUPERAIS DE TES

ANIMAUX. ET ALORS QUE TU SERAIS AUX CÔTÉS DE TON ÂNE, À L'OMBRE, PARCE QUE L'ÉTÉ EST TORRIDE, ICI, TU ENTENDRAIS LE BRUIT D'UNE PORTE SE FERMER : CE SERAIT MOI. ET CE SERAIT L'HEURE D'ALLER SE PROMENER. NOUS DESCENDRIONS

avec bonheur, je constatais aussi que l'Absence ne donnait pas ses
limites, ou du moins ne les donnait-elle pas aux hommes
et aurais-je beau rester ici, elle continuerait avec moi
elle continuerait mais, moi, je finirais par m'arrêter un jour
elle me déposerait au bord d'un chemin et reprendrait sa route
je la regarderais partir et je lui donnerais un nom : Chloé

PAR LE BOIS QUI MÈNAIT AU RUISSEAU ; ET TU SERAIS VÊTUE D'UNE LONGUE ROBE BLANCHE, CELLE QUE JE PRÉFÈRE. QU'EST-CE QUE JE PEUX DIRE DE TOI SI CE N'EST TE TROUVER BELLE À CHAQUE CARESSE ? QU'EST-CE QUE JE POURRAIS TE DIRE, À TOI, SI CE N'EST DE VIVRE QUE PAR CE QUE TU ME DIRAS, SEULEMENT PAR CE QUE TU ME DIRAS ? »

JE CARESSAIS LA JEUNE FILLE

Chloé était belle mais elle ne le savait pas
parfois, il me semblait inutile de le lui dire

MAIS JE NE POUVAIS LUI DIRE QUE JE L'AIMAIS, CAR C'ÉTAIT COMME UNE ŒUVRE D'ART QUE L'ON CHERCHAIT À RENDRE INTELLIGIBLE DANS SA TOTALITÉ, OU BIEN LA MORT ELLE-MÊME QUE L'ON DÉSIRAIT COMPRENDRE

L'ABSTRAIT NE SE COMPRENAIT PAS, MAIS JE ME CONTENTAIS DE LE LIRE

DE MÊME QU'UN TABLEAU JE NE CHERCHAIS PAS À CERNER LE SENS MAIS BIEN PLUTÔT UNE VIBRATION DU SENS, UN SÉISME, QUI ME RAMENAIT À L'ORIGINE

ET LA CONTEMPLATION DE LA FEMME ALLAIT PAR CE CHEMIN, C'EST-À-DIRE PAR LA VOIX QUI ME FAISAIT TAIRE ET PAR LA VOIX QUI OCCUPAIT LA NUIT « JE NE SAIS PAS POURQUOI JE VOUS PARLE, EN FAIT, PUISQUE JE N'AURAI JAMAIS RIEN À VOUS DIRE. OU ALORS EST-CE POUR VOUS FAIRE COMPRENDRE QUE J'AIME CE *RIEN* QUI NOUS ENTEND, CE *RIEN* QUI NOUS COMPREND ? JE NE VOUS PARLERAI

JAMAIS D'AMOUR, PARCE QUE J'AI HORREUR DE L'AMOUR QUE VIVENT LES FOULES ; ET JE PEUX VOUS DIRE QUE LE NOTRE EST OH COMBIEN LOIN DE CELA. LE MONDE A MÊME AFFUBLÉ D'« AMOUR » LES PLUS BELLES HISTOIRES QUI ONT TOUCHÉ L'ART, COMME SI SA RÉALITÉ ÉTAIT LA MÊME QUE CELLE DE LA MASSE, COMME SI TOUT ÉTAIT ÉGAL, COMME SI TOUT AVAIT LES MÊMES VALEURS. JE SAIS QUE JE N'AURAI RIEN À VOUS DIRE. JE SAIS QU'AUCUN DE MES LIVRES NE SERA L'ACCOMPLISSEMENT QUE J'ENVIE. MES LIVRES NE SERONT QUE DES FRAGMENTS DE NUIT. MES NUITS NE SERONT QU'ÉCRITURE. CHLOÉ, SERIEZ-VOUS À MOI QUE JAMAIS JE N'AURAIS LA CERTITUDE D'ÊTRE À VOUS. C'EST UN PEU COMME LA CONTEMPLATION QUE J'ÉPROUVE POUR VOUS : JAMAIS JE NE LA SAISIRAI. »

MAIS EN ATTENDANT, J'AVAIS ACQUIS L'EXISTENCE D'UN ROYAUME

ET CE ROYAUME, POUR AUTANT DE TEMPS QU'IL ME FASSE VIVRE, JE L'EMPLIRAI D'UN RARE BONHEUR, LE BONHEUR DE TROUVER L'ÊTRE ET SON ŒUVRE

LE BONHEUR DE SE RAPPROCHER DE CET ACCOMPLISSEMENT ET D'AVOIR SUFFISAMMENT AIMÉ POUR Y LAISSER UNE MINUSCULE TRACE

CE NE SERAIT QU'UN PETIT TAS DE CENDRES DANS LES TRÉFONDS DE LA TERRE, ET C'ÉTAIT D'AILLEURS AINSI QUE JE VOULAIS ÊTRE, UNE FOIS MORT : EN CENDRES

LE BONHEUR DE RECONNAÎTRE SA FEMME ET DE LE PENSER AU MOINDRE DE SES SOURIRES, QUAND L'HOMME, DEVANT LA FEMME QU'IL AIMAIT, DEMEURAIT SANS RÉPONSE DEVANT ELLE ET QUAND IL SE TAISAIT LES MOMENTS OÙ IL L'ENTENDAIT RIRE, PARCE QU'IL L'AIMAIT ET QU'IL SE PERSUADAIT DE LE FAIRE PLUS QUE TOUT AUTRE

« UN JOUR, TON VISAGE SERA LOIN, ET JE NE L'AURAIS MÊME PAS ASSEZ DESSINÉ. »

CHLOÉ FUT À LA MATERNELLE DE SOLOMIAC, PUIS À L'ÉCOLE GEORGES FIELDÈS À FAUDOAS, À CÔTÉ DE BEAUMONT-DE-LOMAGNE, QU'ELLE REJOIGNIT QUELQUES

ANNÉES PLUS TARD POUR ALLER AU COLLÈGE THÉODORE DESPEYROUS

LE COLLÈGE TERMINÉ, ELLE PARTIT AVEC SA MEILLEURE AMIE À CASTELSARRASIN, AU LYCÉE JEAN DE PRADES ENTRE MOISSAC ET MONTAUBAN, DURANT TROIS ANS, C'EST-À-DIRE JUSQU'AU BACCALAURÉAT, QU'ELLE OBTINT AVEC L'ORAL DE MATHÉMATIQUES ET DE BIOLOGIE

SA DERNIÈRE DESTINATION FUT L'UNIVERSITÉ PAUL SABATIER À TOULOUSE, LA FACULTÉ DES SCIENCES, OÙ CHLOÉ CONTINUAIT D'ÉTUDIER LA BIOLOGIE, TOUT EN RÉSIDANT À RANGUEIL

je sentais la jeune fille

et la réalité était semblable à celle d'une attente

il me semblait river mon corps entier à ce téléphone, à attendre qu'il sonne

je me rivais à cet espoir, comme rivé à ce qui avait été les cheveux de Chloé, jadis, la folie de ne pas comprendre le corps et son désir

j'avais perdu tout ce qui m'avait été donné de beau

et les fenêtres, avec une détermination presque cruelle, s'étaient refermées, de même que les jours, les vieux jours, et les jolies promenades aussi, car celles que je faisais me paraissaient bien tardives, belles mais usées

parfois, je me demandais si l'on pouvait garder quelque chose de beau

j'entendais la jeune fille

je crois que sa voix tremblait lorsqu'on se retrouva l'un contre l'autre non loin du château, au moment où nous nous prîmes la main pour la première fois du jour

la voix a cessé d'être, et a cessé de se faire entendre

il faut perdre son langage, et aimer le perdre

j'aimais le langage, si bien que j'avais décidé de l'écrire

mais je l'aimais non sans contradiction, lorsque Chloé venait et que je la contemplais, non plus par des mots, mais par ces frottements que la peau rend possibles

j'avais touché la deuxième partie du langage : le geste

JE CARESSAIS LA JEUNE FILLE

MAINTENANT, J'AURAIS VOULU LA CARESSER TOUTE LA

NUIT
J'AURAIS VOULU TOMBER HORS DU TEMPS, AVEC ELLE, POUR QUE CELA NE CESSE JAMAIS ET J'AURAIS VOULU LA GARDER CONTRE MOI
MAIS CELA SE SERAIT FAIT QUE JE NE REGRETTERAIS PAS MA CONDITION D'ÊTRE VIVANT ET *le silence nous avait gagné, et il était tombé plus rapidement qu'une pierre*
je crois que ces instants ne s'oubliaient jamais
mais je crois qu'il était, dès le moment vécu, une autre forme du souvenir parce que ce souvenir m'appartenait dans toute sa singularité, il était à présent une deuxième forme de se présenter au monde, par le langage notamment, et j'avais compris son parallèle avec l'existence
DONC D'ÊTRE MORTEL
ET JE SAVAIS OH COMBIEN QUE LA BEAUTÉ DU REGRET NE SERAIT PAS SI BELLE SI J'AVAIS TOUJOURS GARDÉ CHLOÉ
J'AVAIS COMPRIS QUE MOURIR ÉTAIT LE TRIOMPHE DE L'ABSENCE
MAIS ÉCRIVANT J'ÉTAIS MOI-MÊME DANS CETTE ABSENCE
JE NE POUVAIS M'EN DÉGAGER, MAIS JE N'ÉTAIS PLUS SÛR DE VOULOIR LE FAIRE
IL SUFFISAIT QU'UNE PRÉSENCE SE MANIFESTE AUPRÈS DE MOI POUR QUE CETTE CONTEMPLATION S'ARRACHE ET DISPARAISSE
LE MATIN JE ME RÉVEILLAIS, MAIS J'AVAIS DÉJA VÉCU CE JOUR : C'ÉTAIT DANS DES CONTRÉES DÉJÀ LUES
EN ÉCRIVANT JE PRENAIS LA CERTITUDE QUE JE VIVAIS, MAIS QUE JE NE VIVAIS PAS SEULEMENT AU SEUL MODE DE PRÉSENCE, C'ÉTAIT PLUS FORT ENCORE, ET SOUVENT CELA PRENAIT L'ALLURE D'UNE DANSE, OU LE SENTIMENT D'UNE DANSE, ET D'UN BALLET ÉTRANGEMENT PLUS PROCHE DE LA CONTEMPLATION
TOUT EN ÉCRIVANT, L'IMPRESSION D'AVOIR CE MURMURE DE LA *CAVALLERIA RUSTICANA*
TOUT EN ÉCRIVANT, LE SENTIMENT DE NE PLUS VOULOIR M'ARRÊTER, DE NE PLUS VOULOIR ME NOURRIR, DE NE PLUS VOULOIR DORMIR ET D'OBÉIR AUX HEURES QUI PASSAIENT

TOUT EN ÉCRIVANT, LE DÉSIR PRESQUE SPIRITUEL DE SE FONDRE DANS SON PROPRE DÉSIR
TOUT EN ÉCRIVANT, NE PLUS APPARTENIR
AINSI ÉCRIRE ANIMAIT EN MOI UN SOUFFLE QUE JE N'AVAIS JAMAIS CONNU QUE POUR L'EFFORT, MAIS CELUI-CI NAISSAIT BEL ET BIEN DE LA JOIE, COMME LA JOIE D'ÊTRE BLOTTI CONTRE LE CORPS DE CELLE DONT ON EST ÉPRIS
TOUT EN ÉCRIVANT, LE DÉSIR DE NE PLUS COUPER CE SOUFFLE CONTINU, QUI SCINTILLAIT JUSQU'AUX PHRASES, DE CESSER TOUTE PONCTUATION POUR QUE LES BAISERS DE L'ŒIL SUR LA PAGE NE S'ARRÊTASSENT PAS
LE DÉSIR LUI-MÊME RÉÉCRIT, MAIS RÉÉCRIT SUR DES DOMAINES QUI ÉTAIENT LES NÔTRES
« C'ÉTAIT AGRÉABLE » DIRAIT CHLOÉ
JE CARESSAIS LA JEUNE FILLE
JE LE FAISAIS ET ELLE ME RÉPONDAIT
ELLE ME RÉPONDAIT ET JE ME METTAIS SUR ELLE
IL ME SEMBLAIT SE DÉGAGER DE MA MAIN SUR SON DOS LA COCASSE IMAGE D'UN HOMME SE PROMENANT SUR UNE PLAGE
CET HOMME S'ÉTALERAIT ET SE ROULERAIT, IL SERAIT SEUL
PARFOIS NOUS RIONS ENSEMBLE, PARCE QU'ELLE DÉCOUVRAIT QUE JE FAISAIS LA GRIMACE
ET JE LA FAISAIS LORSQUE SES CHEVEUX ENTRAIENT AVEC OBSTINATION DANS MA BOUCHE ET ENTRE MES CILS, QUE JE TENTAIS DE DÉGAGER PAR DE GRANDS MOUVEMENTS DE TÊTE, BIEN SOUVENT INUTILES, ET QUI NÉCESSITAIENT QUELQUES INSTANTS D'ARRÊT ENTRE DEUX CARESSES
PARFOIS SON REGARD AVAIT QUELQUES TRAITS DE TRISTESSE ET ELLE LAISSAIT SON REGARD DANS L'OUBLI DU SENS, COMME SUIVANT LE MOUVEMENT DU RUISSEAU, ET JE LA REGARDAIS À MON TOUR, MAIS SANS RIEN DIRE, SANS RIEN FAIRE
JE FAISAIS LA SEULE POSSIBILITÉ QU'IL ME SEMBLAIT ÊTRE SAGE DE FAIRE : ATTENDRE
JE CARESSAIS LA JEUNE FILLE ET C'ÉTAIT MON TRIOMPHE

JE CARESSAIS LA JEUNE FILLE

JE CARESSAIS *une vie contemplative ne s'offrait que par la lecture, déjà trouvée par des heures et des heures entières à ne plus être, pour pouvoir faire ressortir un fil de ce qui avait été et de ce qui ne devait absolument pas se perdre*

c'était une quête perpétuelle, je crois, la recherche de ce qui jamais ne pouvait être acquis

j'avais acquis l'existence d'une beauté, la possibilité de cette beauté par l'Art et par la lecture, par l'égérie et par la muse, comme Chloé pour moi

ce pays du silence la nommait, si nom on osait avancer, et les noms restaient un jour les vestiges d'un royaume, un monde cerné par la solitude, par la solitude très attachée à rendre la nuit plus œuvre, par la solitude recherchée à rendre des pages plus Œuvres

moi, je n'aurais pas appartenu

je serais resté, avec mon existence, aux derniers mots que je venais d'écrire

le souffle qui était le mien et que j'entendais parfois, quand je voulais le faire plus fort, ne serait rien d'autre que mes phrases

mes heures seraient mes pages

mon sommeil mes alinéas

ma mort la fin du livre

LA JEUNE FILLE ET ACHEVAIS EN MOI LES DERNIÈRES TRACES D'UNE VIE EXTÉRIEURE

CARESSER LA JEUNE FILLE POUR ROMPRE AVEC LE RESTE

CARESSER LA JEUNE FILLE POUR TROUVER MA PLACE

CARESSER CHLOÉ POUR LUI DIRE QUI ELLE ÉTAIT, CAR MOI-MÊME SAVAIS QUE C'ÉTAIT ELLE, ET QUE JE LA CARESSAIS PARCE QUE C'ÉTAIT ELLE

je m'étais épris d'elle peu à peu, lentement même

— bien qu'il existasse plus lent c'était à mes yeux être lent — mais c'était d'un lent impitoyable et sans retour possible, j'allais dire, en songeant au non-retour, à l'image que serait celle d'un homme jeté en haut d'une falaise, mais ce n'était pas cela, car en effet j'avais parlé de lenteur

je voudrais parler de la nuit

le Temps ne m'effrayait pas : j'écrivais, et pour peu que l'on pût parler de Mémoire, je réécrivais un Passé
l'on ne m'effacera pas et je resterai aux affûts
minutieusement, jour après jour, je créais de nouveaux vestiges
mais ranimer le passé n'écrivait presque plus l'avenir
l'écriture n'avait aucun pouvoir sur Chloé, mais le seul évènement était que je faisais sa mémoire dans la mienne
il me semblait en écrivant ces lignes faire revivre un autre murmure :
« Est-ce que je peux JE CARESSAIS LA JEUNE FILLE
JE CARESSERAIS SON BRAS PENDANT QUE J'ÉCRIRAIS CES LIGNES t'embrasser ? »
ce furent bien les mots que je lui dis et qui sur l'instant n'avaient pas d'effet contemplatif, car le seul geste dominait,
et le geste n'était que trop sensible pour des phrases
maintenant, à travers la distance, à travers l'absence, *j'entendais la jeune fille*
j'avais entendu la vérité qu'elle voulait et qui, sans que Chloé veuille la rendre blessante, me poussait dans la pénombre, d'autant plus cruellement que j'étais resté longtemps à attendre
les mots me faisaient la perdre, ils effaçaient ce que j'avais gardé de beau
parfois, ils me rendaient lucide
parfois, ils me rendaient noble
mais je savais aussi les entendre avec tristesse, quand elle me disait que je resterai son ami, bien que la nuit hantait sa parole, cette nuit où nous restâmes l'un contre l'autre à nous faire entendre le chant de nos corps, comme des amants les mots ranimaient Chloé
ET EN Y SONGEANT TOUT CE LIVRE N'ÉTAIT QU'UN CONSTAT DÉSENCHANTÉ, CAR JE N'ÉCRIVAIS MÊME PAS *CHLOÉ WEGMANN* : JE M'IMAGINAIS L'ÉCRIRE
la jeune fille ne sera jamais assez là
elle ne sera jamais la femme que tous les hommes attendent
elle ne sera pas la femme que l'on voit matin et soir, ou alors l'homme qu'elle accueillera durant son sommeil ne sera qu'un revenant
le sommeil, son lieu de rencontre avec les revenants
j'entendais la jeune fille, et ce silence, si silence absolu il y avait, ne se

mêlait qu'aux glissements des corps, à ce murmure, un peu comme un souffle, que faisaient deux peaux, l'une sur l'autre, quand par exemple je promenais le bout de mes doigts le long de son bras et que j'entendais ce sifflement

et pourtant, j'avais pensé qu'il n'existait pas plus seul que moi

je nommais « Absence » ce lieu dans lequel je me jetais inlassablement

lire, écrire, dormir, penser : de ces quatre points cardinaux je sentais la jeune fille, et je la contemplais, là, à cette fenêtre, droite et méconnaissable, face aux coteaux que nous avons parcourus un jour

par la contemplation j'avais l'impression de sentir quelque chose de rare

la solitude éveillait en moi la joie et l'immensité de l'ailleurs incessamment

je la concevais comme JE CARESSAIS LA JEUNE FILLE

JE CARESSERAIS SON BRAS AU-DESSUS DE CES LIGNES QUE J'ÉTAIS À L'INSTANT EN TRAIN DE DRESSER SUR LA PAGE un cercle de lumière, l'émerveillement, une intimité plus ferme que toutes les intimités, mais qui témoignait d'un rapport au monde très proche en même temps : j'écrivais ce que je faisais, souvent jusqu'au moindre des gestes

JE CARESSERAIS SON BRAS ET LUI DIRAIT QU'IL FALLAIT QUE JE FINISSE CETTE PAGE,

écrire, sans nul doute, c'était mon seul rapport au monde mais quand je disais rare, c'était plus fort que de m'allonger en face de la nuit, et de voir la voie lactée, épris par l'immensité du milieu

je sentais la jeune fille et contemplais par la réalité inconsciente ces délices nouveaux qui s'en échappaient derrière, lorsque je la serrais ou lorsque silencieusement je passais mes doigts derrière ses oreilles en y portant les mèches de cheveux qui lui tombaient éparpillés sur le visage

parfois ses cheveux restaient sur mon visage et *j'entendais la jeune fille et je lui demandais de me raconter son enfance*

je l'entendais avec évasion, parce que j'aurais aimé être enfant avec elle, parce que j'aurais aimé entendre ce qu'elle avait entendu et parce que, pourrions-nous revenir en arrière, je lui aurais demandé de partager ces moments avec elle

enfant, rien ne m'aurait semblé plus désagréable que l'enfance telle que la vécut Chloé, retirée et errante, sans cesse en train de changer

d'endroits
adolescent, mes choix n'auraient guère changés
j'avais et gardais encore une nostalgie formidable du Lieu et des lieux
je n'avais rien demandé d'autre qu'une absence de livres
mais aujourd'hui je considérais avec douleur le Temps laissé derrière comme défunt, encerclé par la Mort
c'était le temps durant lequel je n'avais pas lu et j'y étais mort par défaut de langage
déjà, cela faisait longtemps que Chloé Wegmann était devant moi, plus mûre parce qu'elle était une femme, mais plus mûre encore par son immersion dans la lecture nous rions à nous les enlever du nez, des yeux ou de la bouche
mais les rires s'effaçaient, et ils laissaient leur place aux sourires
les caresses reprenaient et l'heure retombait dans les catacombes
et en écrivant dans ce château je me sentais contempler ces moments passés avec elle
je restais dans ce détachement que la solitude me faisait vivre et revivre
et, lorsque je contemplais, je contemplais délibérément, avec le souci de cerner ces moments qui avaient fait, non pas ma gloire, mais une manière de penser sereinement dans la joie de l'être
car je contemplais ces moments, il est vrai, avec le plus de temps et de force que je pouvais prendre
ces moments, je les savourais dans l'ombre, et l'ombre elle-même se savourait dans cette absence qui était la mienne et qui se nourrissait de l'absence constante de Chloé
je contemplais Chloé dans le rapport le plus lointain
enfant, je n'étais pas solitaire, et je n'aimais pas l'être
mais Chloé me donnait l'intraitable image qu'elle avait vécu et grandit dans cette solitude, avec tout ce qui me semblait d'impossible et de difficile pour une enfant, encore jeune, bien qu'elle restait avec ses parents
je sentais la jeune fille
un homme qui aime rêver tient en lui la contemplation, la solitude et la lecture du silence
il marche et garde en lui l'ordre des mondes qui se sont présentés à lui et donne aux pages écrites ce flegme qui ne le quitte pas et ces lectures

qu'il connaît
il existe depuis qu'il a appris à lire
il entre au royaume lorsqu'il a appris à écrire
il contemple depuis le jour où il a concilié les deux
je sentais la jeune fille
je restais assis et je la contemplais durant des jours entiers à ne plus appartenir, ni à moi ni à l'extérieur, si d'un extérieur je pouvais parler ou bien j'allais me promener jusqu'au ruisseau, et je contemplais ces échanges que j'entretenais avec lui
cet été, je le passerai probablement seul avec ces pages
mais je n'en serais pas malheureux, loin de là
de toute façon, Chloé n'était pas tout à fait là
quand pourtant elle était à mes côtés
car il y a une frontière qui ne me permettait pas de l'avoir tout à moi
Chloé et moi étions seuls, mais un lieu la retenait toujours loin de moi, un lieu qui ne me la présentait qu'hermétique, absente même lorsque je passais mes lèvres dans son cou
tous les livres parlent d'elle
et tous les livres que j'ai lus parlent d'elle
je soulignais en eux, avec un crayon à papier où un stylo rouge, ce qu'ils racontaient d'elle
ensuite, sur la première page du livre, j'écrivais le numéro de la page, suivi de l'indication « *Chloé* », ou bien « *elle* », cela dépendait
ALORS QU'parfois, l'attraction de ces pages entières me satisfaisaient tellement dans leur pouvoir de m'amener Chloé qu'il ne me semblait même pas avoir envie de la voir,
j'entendais la jeune fille
parce que Chloé était là et qu'elle n'était pas ailleurs, et que de toute façon elle ne pouvait pas l'être ELLE-MÊME POSAIT SON MENTON SUR MON ÉPAULE, SES BRAS AUTOUR DE MA TAILLE, POUR ME POUSSER À VENIR AUX BOIS AVEC ELLE
elle me récitait des textes qu'elle adorait depuis son enfance, comme le début du manuscrit trouvé dans une vieille église de Baltimore en 1692, et d'auteur inconnu
« Allez tranquillement parmi le vacarme et la hâte, et souvenez-vous de la paix qui peut exister dans le silence… »

ce texte, avait-elle dit, c'était notre commune professeur de français qui nous l'avait donné en classe de troisième ; moi, je l'avais oublié, elle le connaissait par cœur

ou bien Chloé parlait de livres

elle songeait

en écrivant, je rêvais qu'elle pouvait me dire ce que j'aurais aimé qu'elle me dise

« je me suis retirée, pourrait-elle dire, j'ai échappé *un jour, je serai vieux depuis longtemps, et je ne n'aurais même pas tout entendu : les musiques, les violons, les symphonies et les voix comme la tienne*

oui, bien sûr, personne n'a jamais tout entendu

mais il y avait un problème qui me reliait au monde. Vois, regarde le silence, regarde comme moi. Je ne t'accorde que la Vue si tu le souhaites. Et regarde ce chemin, on y lirait *à tout et à tous : j'avais mal j'avais mal parce que nombreux étaient ceux qui n'entendaient pas*

ils se fermaient à l'échange

et l'on me disait que ce que j'avais tant aimé, la parole, n'existait ni ne survivait plus

une phrase. D'ailleurs il n'est pas de vie que l'on puisse voir, tout est livre. Alors lis. « CHLOÉ, JE VOUS ASSURE QUE JE TIENS À FINIR CETTE PAGE. LIBÉREZ-MOI ET DANS QUELQUES MINUTES JE VIENDRAI AVEC VOUS CE SOIR » « NON, TOUT DE SUITE, TA PAGE PEUT ATTENDRE » « MAIS TU ES MA PAGE ! ET C'EST TOI QUI VIENT DE LE DIRE : LA PAGE PEUT ATTENDRE ! » « CE N'EST PAS DRÔLE ! EH OUI ÇA NE L'EST PAS ! MAIS REGARDE, LE SOLEIL VA SE COUCHER ET CE SOIR TU N'AURAS PRESQUE PAS VU LA LUMIÈRE QUE TU AIMES TANT » « IL VA SE COUCHER ? AH OUI ? IL VA SE COUCHER, À HUIT HEURES DU SOIR EN PLEIN ÉTÉ ! MAIS ENFIN QU'EST-CE QUE TU VAS ENCORE INVENTER ! ALLEZ, JE VIENS, MÊME SI JE SUIS SÛR QUE J'AURAIS FINI SI TU N'ÉTAIS PAS VENUE ! » lis le ruisseau qui coule entre nous deux. Lis le silence et le chant des oiseaux : « Allez tranquillement parmi le vacarme et la hâte, et souvenez vous de la paix qui peut exister dans le silence ». Serre-moi, **j'embrassais la jeune fille et il me semblait presque trouver le sens de cet instant au bout des lèvres, un sens que la bouche pourrait saisir**

je venais d'enlever à n'importe quel instant le sens de l'inutilité si tu le souhaites, je vois que tu en as envie. Je te laisse mon corps. Je te le laisserai une nuit. Je te laisserai un matin et un jour, mais s'il te plaît regarde. Ce chemin, j'ai dû le parcourir des milliers de fois. Il s'appelle Solitude. Il peut s'appeler Silence. Laisse-moi deviner. Toi, lui donnerais-tu un nom, tu le nommerais *écriture* et, ah oui, *contemplation* aussi, pardonne-moi, j'avais oublié. J'adore les chemins, oui, je sais, toi aussi. J'aime mes parents. J'aime ma maison et j'aime tous mes animaux. Je ne pourrais pas imaginer de

j'entendais la jeune fille, c'était dans « Cavalleria Rusticana » (1890), l'opéra qui valut la gloire au compositeur italien Pietro Mascagni (1863-1945), que je ne me lassais pas d'entendre, et même quand l'ombre entrait jusqu'à me couper les ponts de la vue et donc la faculté de la mobilité : je partais vie sans eux. J'en voudrais toute ma vie, comme en ce moment : des chats et des chiens, des moutons et des chevaux. Je voudrais une vie simple. J'aime les choses simples, même si moi je ne le suis pas. Oui, je sais, c'est toi qui me l'avais dit. Regarde. Tu l'avais bien vu, quand je suis avec toi je suis un peu folle. Avec mes meilleures amies aussi, il n'y a qu'à voir ce que l'on faisait à l'internat. On aime rire. Nous étions pires que des enfants. Regarde comme ces fleurs sont belles. Un jour, elles seront belles, mais elles seront si seules que personne ne les aura vu. »

cette musique était plus qu'un effet enchanteur car, en effet, j'avais le sentiment qu'elle saisissait un autre monde, mais qu'elle n'était, par rapport à l'enchantement, non pas un supplément à notre monde, mais plutôt une mise en abyme

la musique nous rendait les choses qui nous appartenait, le chant de la musique les écrivait

je n'arrêtais pas de penser que le monde s'écrivait, mais qu'il s'écrivait avec l'Art et qu'il gardait le témoignage avec lui, silencieusement

je rêvais mais je rêvais en silence

j'entendais Chloé me le dire

je m'entendais le lui dire

j'écrivais sur le bureau et je levais la tête : il n'y avait personne

ou si, il y avait l'Absence

l'Absence était cette personne, à l'instant même, le chant des cigales que

j'entendais avec les fenêtres ouvertes, le passage du vent par les fenêtres, et puis les solitudes, les autres solitudes, les milliers de solitudes, qui se dressaient par là-bas, quand on pouvait se dire qu'elles étaient majestueuses si on allait les voir et si on allait les lire
je marcherais et mes pas se liraient
ils ne s'effaçaient pas car on s'en souvenait
on s'en souvenait en lisant, en recomposant ce qui avait été derrière, dans le passé, et que je pouvais maintenant écouter par la contemplation, ces simples pas qui existait parce qu'on le voulait, et parce que l'Art se trouvait sous d'indénombrables lectures laissées en suspens
je me retranchais en ces lieux, et je perdais le sens de l'espace
ces pages avaient un ordre que je n'avais jamais eu, comme une retraite, comme une doublure du silence, dans le visage de celle que j'aimais : le silence désigne la lecture des visages
j'entendais nos corps tomber dans le vide
ils se laissaient chuter l'un contre l'autre, et quand on restait l'un contre l'autre, il semblait que nos deux masses venaient de s'extraire des origines
et nous venions de naître
j'écrivais pour entendre ce que j'avais perdu, tout ce que j'avais perdu, le geste et le langage, le Temps et le lieu, le ruisseau et son reflet, la jeune fille et son nom
il ne me restait que cette jeunesse, je parlais de la jeunesse du souvenir, peu importe sa vieillesse
à l'instant d'après, ou cent ans après, peu importe je le répète, c'était après mais toujours jeune
un Après est déjà loin : c'est déjà la Mort, mais une mort heureuse
l'effacement des êtres et des choses était leur vraie solitude, leur origine et leur noirceur : nuit ce paysage, nuit ce ruisseau
d'ailleurs, nuit est ce chemin, Nuit et nuits cette femme, nuit son ombre, oh nuit son absence
l'effacement des êtres était le cheminement vers une œuvre, et moi en premier je donnais un temps qui était le mien, et qui, le plus souvent, se perdait en regards et en sourires sur ces œuvres, qu'un homme lui-même avait créées au dépend de son sommeil

l'effacement des êtres était leur morale : « entends-moi, dit la jeune femme du livre. Tu m'as entendu et tu l'écris ; mais tu n'écris pas ce que tu as entendu, tu écris juste que tu m'as entendu. La page déborde, tu t'en es rendu compte. Je ne suis ni l'ombre qui t'attire ni l'écriture que tu as envie d'écrire : tu me veux mais je ne veux pas de toi. Je pourrais te voir, si tu le veux, et te faire entendre ma voix, mais ce sera tout. Je me nomme Chloé, et tu me nommes parce que tu m'as perdu. Un homme qui nomme va perdre ce qu'il a nommé. Ces livres que tu lis, les auteurs les écrivent car ils savent qu'ils vont les perdre. Ou c'est eux, plutôt, qui vont se perdre un jour. Un jour, tu écriras depuis longtemps, et en un instant tu perdras tout ce que tu avais écrit. Mais tu sais aussi que ce n'est pas triste, tu le sais parce que tu vis dans un royaume. Tu es le roi qui ne verra jamais en entier le château qu'il avait ordonné de construire, mais tu es le roi qui est dans le château qu'un autre n'a pas pu voir. Un jour, tu m'entendras depuis longtemps, mais ce seront d'autres qui m'entendront avec le plus de recul. Dans tout cela, tu n'es pas triste et tu m'étonnes, je n'ai jamais vu un calme comme le tien, et l'on te croirait insensible. Tu m'entends mais je ne sais pas si tu me comprends, je n'en suis pas sûre, et pourtant tu pourrais me dire : « quelle personne à une aussi forte réception de tes phrases ? » Le mouvement de mes lèvres, le dégagement de mon sourire, l'éparpillement de l'une de mes mèches, le frôlement de mes doigts sur ta peau, la couleur de ma robe, le lieu qui nous entoure, le temps que nous y avons passé, les bruits que nous y avons entendu, les vibrations de ma voix et les mutismes de la tienne, les tremblements de la lumière autour de nous, notre traversée de l'instant présent, notre mémoire, ton silence, notre solitude, le bruit que faisait le ruisseau et puis la nuit, la vue de la nuit, le toucher de la nuit, l'odeur de la nuit, l'écoute de la nuit, le goût de la nuit. Moi, j'entends bien cette chose : je suis une femme que tu as aimée. »

Chloé « C'EST VRAI, JE NE T'AURAIS PAS ASSEZ REGARDÉE, MAIS C'EST PARCE QUE TU ME FUIES ! »
AVANT DE SOURIRE, ELLE RIRAIT
était presque là quand pourtant elle n'était pas à mes côtés
c'était la passion que j'éprouvais pour elle qui la ranimait
je l'ai photographiée de nombreuses fois, et moi avec elle

ces photographies, je les ai dans d'énormes livres aux reliures de cuir
souvent, je les glissais dans les livres que je lisais
« TU ES BELLE SUR CETTE PHOTOGRAPHIE-LÀ. TU NE SOURIS PAS ET POURTANT JE ME PERSUADERAIS DE TE VOIR UN SOURIRE. JE CROIS QUE TU SOURIS, MAIS CE SOURIRE C'EST TON FRONT QUI ME LE RENVOIT. JE N'AI PAS LE SENTIMENT DE VOULOIR EXAGÉRER L'IMAGE, NI CELUI DE TE RENDRE PLUS BELLE, À CHAQUE FOIS, QUE CE QUE TU ES. C'EST JUSTE QUE JE TE CONTEMPLE. SUR CETTE PHOTOGRAPHIE, C'EST MOI QUI TE CONTEMPLE, MAIS TOI TU NE PEUX PAS ME VOIR. SUR CETTE PHOTOGRAPHIE, TU NE VERRAS PAS TOUJOURS QUE JE TE CONTEMPLERAI, CAR CELA NE SE FERA QU'EN MOI. TU NE ME VOIS PAS CAR TU REGARDES AILLEURS : JE SUIS LE SEUL À TE VOIR. SOUVIENS-TOI QUE NOUS NE SOMMES PAS, TOI ET MOI, SOUVIENS-TOI QUE DE L'UN À L'AUTRE IL Y A PEU D'EXISTENCE ET QUE SOUVENT, TOUS LES DEUX, NOUS TROUVONS NOTRE BONHEUR DANS LA SOLITUDE. OH OUI ! UNE SOLITUDE AÉRIENNE ET PLAISANTE QUI NOUS DÉTACHE DE CE QUE L'ON A CESSÉ DE QUITTER »
et puis, de toute façon, je lui avais dit que j'écrirai un livre sur sa vie, bien qu'il y sera très peu question d'elle, une sorte de roman épars, épars comme les cinq sens, épars comme un roman qui n'en serait pas vraiment un mais qui serait, d'une certaine manière, l'exaltation imprécise d'un désir, la manifestation fantôme d'images et de mots, l'infini concilié avec ce qui a été perdu
mais tous ces moments où elle était à côté de moi, je n'aurais su dire si elle s'y plaisait,
lorsque nous nous promenions ensemble,
ou bien si elle s'ennuyait
pensait-elle ou rêvait-elle
c'était ce que je ne pouvais dire
il était possible de tout croire d'elle, hormis la vérité
mais cette vérité, si Chloé en était sûre tel jour, serait absolument fausse le lendemain
de même qu'elle serait vraie quelques jours après avoir été fausse, de

même qu'un paysage à travers une fenêtre, surtout en Lomagne, n'était jamais le même
et cette vérité, autant que je m'en souvienne, parce que c'était la seule qui comptât à mes yeux, se voulait cruelle en même temps qu'elle pourrait faire un heureux – moi –, et son sort, sa destinée, faisait de moi le fiancé de Chloé Wegmann, ou son meilleur ami
mais au fond de moi il ne me semblait voir assez de force que pour la première solution : sinon, tout pourrait se passer mal
je n'avais connu de solitude plus élevée que la sienne
je regardais la jeune fille et je la regarderai longtemps encore, pourvu qu'elle daigne encore me sourire
ou me donner sa main, parfois,
et me laisser la serrer dans les bras,
l'embrasser sur la joue et sur les lèvres afin de continuer ce qui s'était imposé à moi :
écrire
je regardais la jeune fille
le rêve est l'extase
je regardais Chloé
je lui tendais ma main et elle hésitait
l'aurais-je baissée, elle ne l'aurait jamais prise
il fallait que j'attende quelques secondes pour que finalement elle la prenne
j'entendais la jeune fille
j'entendais une nuit qui n'avait pas fini de s'entendre, et qui – même avec le passage des jours, lorsque le temps s'étalait devant elle et que le paysage coulait à l'intérieur, avec les aubes et les crépuscules – regarderait l'écriture, par l'oubli et le souvenir
je regardais Chloé
je me consacrais à la vue comme si la vue allait me nourrir, parce que sa voix comptait parmi les plus savoureuses : elle était la quiétude d'un monde abandonné dans ses yeux
Chloé était la jeune fille absente
elle restait chez elle, dans une harmonie familiale admirable, et son âge, si d'un âge on pouvait parler, ne pouvait être nommé, n'était pas
d'ailleurs l'oubli et le souvenir n'appartenait qu'au passé, vers lequel ils

glissaient irrémédiablement, comme l'abaissement d'une voix qui deviendrait murmure : l'on écrit que ce que l'on a cessé d'entendre
l'on ne rêve et l'on ne danse que dans ce qui ne s'entend plus
et j'entendais la jeune fille
son silence s'échangeait avec la Mort, là, de l'autre côté
là, de l'autre côté, de l'autre côté de cette partie, de l'autre côté du jour : il y avait une nuit qui ne finira plus de s'entendre, et il y aura toujours cet autre côté
de l'autre côté du langage, sur l'autre versant de ses phrases et de ses poèmes, le geste, les mains de la tendresse, l'écoute de ce qui n'avait d'autre nature que celle de l'attente
de l'autre côté du jour, il y avait quelque chose, mais ce n'était pas la nuit
de l'autre côté du jour, il y avait l'œuvre
de l'autre côté du nom, il y avait la personne aimée, et quand je contemplais l'un d'entre eux il me semblait ne jamais vouloir le perdre, ne jamais me séparer de son nom, ne jamais me séparer de son corps :
Chloé Wegmann
c'était un nom que je ne cesserai d'entendre
car la nuit s'étendait, et ses phrases, incessamment lâchées dans les cieux, parmi les œuvres et les voix, les profondeurs et les abîmes, prenaient plus de noms que les noms eux-mêmes en avaient d'ailleurs, comment se nommait ce fragment dans la nuit
et ce couple avec ce fragment de nuit
et ce fragment joint avec l'autre côté
le nom prenait ses distances
on ne l'entendait que de loin
je n'entendais Chloé Wegmann que de loin, avec solitude et écriture de ce qui a été, et qui revenait à l'instant même
nommé même, car il serait insignifiant
enfant, elle était déjà une femme
je regardais Chloé et, la regardant, j'écrasais la peur de me séparer d'elle,
je la regardais et j'oubliais la douleur de la séparation

nous	à cette idée
mourrons	les lamentations
un	me prenaient,

jour aux moments où j'étais triste à cause d'elle

mais la contemplation n'était pas la tristesse, ni même aucune forme de tristesse, mais c'était tout le contraire

j'écrivais et c'était là ma gloire

et comme écrire c'était écrire au-dessus de la JE CARESSAIS LA JEUNE FILLE ET JE CONTINUAIS DE FAIRE BRÛLER LA NUIT DEHORS, IL FAISAIT JOUR, MAIS NOUS NE LE SAVIONS PAS ET C'ÉTAIT BIEN L'APRÈS-MIDI, MAIS CERTES UN APRÈS-MIDI DE CAMPAGNE, DANS CETTE LOMAGNE DEPUIS LONGTEMPS COUVERTE DE LUMIÈRE Mort, au-dessus de la douleur et au-dessus de l'heure qui passait, je remettais en moi ces valeurs heureuses et les solidifiais dans des traits fugitifs qui rampaient jusqu'aux pages

la nuit, ces traits me foudroyaient : je pensais à elle

un homme ne faisait pas enfant, déjà, l'accessible

ne lui

de miracles plaisait pas « les gens de

son

mais la femme les faisaient âge ? » Chloé préférait

rester avec

pour lui les adultes

le monde avait

la Naissance tant perdu qu'elle

voulait

poussait l'homme habiter le sien

ses parents

dans les bras du royaume étaient

brocanteurs et, très tôt,

jouissance du souvenir et de ils lui avaient donné le

goût

la promenade de ranimer les choses

perdues

au bord de la falaise ranimer la nuit,

l'abyme extraire de la

poussière ce

notes tombées qu'« ils » ne voulaient

plus,
sur la nuit
tant de jours à
s'effacer dans le
éclatement du naguère et
perdu, dans
l'inanimé et dans
de la lumière jaillissante
l'éloignement
et c'était
à travers les volets
d'autant plus beau que les
la contemplation :
marchands ne vendaient
jamais
habiter l'infini de l'instant
au même
endroit, ils étaient dans
retard du langage
ces boutiques qui ne se
fixaient que pour disparaître le lendemain
avance du geste et
Chloé et ses parents
de deux corps
étaient un jour à
Beaumont-de-
l'un sur l'autre
-Lomagne, un autre à
Montauban
c'était une profondeur
ou à Caussade
et s'il n'y avait
de vie que les foules
de brocante dans la
région, alors
ignoraient
ils restaient chez
eux, à Maubec
suprématie de la vue
absence, donc
mais ce mutisme-là
je regardais la jeune fille
était un ravissement d'avant
elle était devant moi et
devant les
les mots, d'avant l'origine :
objets que ses parents et
elle
la nuit a consisté à ranimer l'espoir
avaient fait renaître, parfois
après
Chloé Wegmann se retirait
des décennies de
sommeil
car elle avait été déçue par
des verres des assiettes

des

la vision que le monde livres des meubles des

chaises

donnait de lui
nulle saveur

je regardais la jeune fille
que dire d'un homme qui regardait
que lui dire
je regardais la jeune fille
elle était un nom qu'elle habitait et pourtant
on ne le lui donnerait pas en la regardant
JE CARESSAIS LA JEUNE FILLE : DES PHRASES ÔTÉES DE LA NUIT
DES PHRASES DE SIGNES, ET DONC DE LECTURE
DES PHRASES COMME IL NE ME SEMBLAIT JAMAIS EN AVOIR CONNUES
j'entendais la jeune fille
je n'avais plus en mémoire les phrases qu'elle m'avait dites
et aussitôt que le geste venait je cessais de les entendre,
le geste ne me donnait plus de langage, et silencieusement je me souvenais de quelques traits seulement que le corps avait tracés,
quelques traits parmi une quantité indénombrable
l'on ne sait écrire qu'un millième de ce qui se perd et ne se retrouve jamais, jamais
la nuit, je me déplaçais parmi les salles éteintes
j'attendais que mes yeux s'habituent à l'obscurité et après je marchais, lentement pour ne rien faire tomber, comme baigné dans une eau noire et dont je ne verrais pas le fond
comme je l'ai dit, les passages n'avaient pas de porte, entre les seules trois pièces du deuxième étage
et venais-je de passer à travers un mur que l'impression d'abaisser des barrières m'allégeait le corps
je croyais à une probable chute, mais cela n'en était pas une
et j'entendais les œuvres résonner dans toute leur noirceur, à ce moment où elles décidaient de prendre le chant de mes pas et de me le renvoyer sous la forme d'un désert

l'Absence écrivait pour elles, et les œuvres me murmuraient certainement plus que ce que je croyais entendre
à l'heure où j'avais clos mes dernières phrases du jour, il faisait nuit déjà, comme le nom qui la désignait, la nuit déclinait vers le jour, à la moitié de son existence
j'avais clos ces phrases parce que je n'en avais plus
j'attendrai jusqu'au lendemain
car les phrases déclinaient aussi, et leurs noms s'effaçaient
à cette heure-ci, le village dormait
puis subitement il y avait une ombre projetée par les réverbères : un chat
au loin, une lueur orange : Toulouse
par ici, les autres réverbères du village qu'il y avait dans la plaine : Castet-Arrouy
là-bas, les feux d'une voiture sur une route que l'on ne voyait même pas en plein jour
quelques lumières sur la ligne d'horizon : le château de Sainte-Mère
je m'asseyais sur le banc de pierre qu'il y avait à côté d'une fenêtre et le vent, le passage à peine ouvert, me couvrait de ses ondes
et à cet instant-là, je pensais à un ruisseau
DES PHRASES, COMME DES NOTES
DES PHRASES QUI N'AIMERAIENT PAS L'AMOUR ET LE ROSE
DES PHRASES NOIRES
DE NOIRES PHRASES
DES NOTES
DES BRIBES
DES INSTANTS JETÉS
DE LA CONTEMPLATION
l'on ne marche que pour affronter la phrase
et l'on ne marche que pour se faire entendre auprès d'elle
l'on marche comme l'on aime
l'on écrit comme l'on marche
UNE JEUNE FEMME CONTEMPLÉE
UNE JEUNE FEMME AIMÉE,
CARESSÉE
ET RACONTÉE JUSQU'À SON ABSENCE
je voyais son nom que je relisais pour être bien sûr que Chloé n'était pas

avec moi ; car lorsque je cesserai de le lire, la jeune fille sera là
je le voyais comme le titre d'un livre
mon regard le traversait tous les jours, juste avant d'en arriver aux derniers pas qu'il déposait sur ces pages
comme j'écrivais ces lignes, j'eus la sensation de vouloir décevoir pour cerner une attente qui était la mienne
et donc, la littérature ne serait qu'attente
lire, c'était attendre la chute des noms
l'être satisfait ne savait plus attendre
l'auteur avait-il à peine finit d'écrire un livre que déjà un autre se préparait, créé par l'abyme du précédent, avant même d'avoir finit celui-ci
les noms sont des failles qui ont laissé vivre des corps
les avons-nous écrits qu'ils s'entrouvent, se fendent et naissent
l'ombre d'une phrase en emmène d'autres : ce ne sont sans cesse que des noms et des attentes que l'art a poussé jusque dans l'image
ce ne sont que des noms sans connotation particulière, même s'il y a toujours des dérivés et des creux, de la signification et du sens, des synonymes et des antonymes, des noms communs ou propres
j'entendais la jeune fille
sa voix était un éclat de voix, et elle me parvenait ainsi à ces moments où j'entendais son nom
le Mal, en agissant, le faisait disparaître de mon écoute
un homme qui écrit tient en lui l'écoute du monde, l'écoute des heures qui passent et l'écoute de sa mort
il nomme sa voix, celle de la lecture, c'est-à-dire celle qui le fait tenir au langage et à la sensibilité, au doute et à la certitude
je crois que j'étais cet homme, à travers cette femme que j'avais vu trop peu souvent et qui apparaissait dans des pages et des pages, ou plutôt dans des phrases, oui, dans des phrases qui semblaient dire le rêve, car elles touchaient ce qui avait disparu
j'entendais la jeune fille et le bruit d'un baiser qui brisait le silence de la chambre
j'entendais le frottement de nos visages
j'entendais ma respiration, forte parfois, et que j'imposais au silence qui nous entourait

les mains de Chloé revenaient souvent sur mes épaules
les murs de son collège étaient en briques, assez laides d'ailleurs
deux êtres, qui se prenaient les mains et qui s'enlaçaient sans s'embrasser, poursuivaient une nuit qui traversait le jour
ils ne se donnaient ni au monde ni à son reflet, retranchés dans cette chambre d'ombre où quelques filets de lumière traversaient les vieux volets en bois
j'entendais la jeune fille
ce qu'elle me disait, je l'entendais et je le faisais : elle ne voulait plus que je l'embrasse
le mouvement de la nuit effaçait la parole et les formes : il donnait un corps si lourd au langage que la voix préférait tout abandonner
et finalement, Chloé et moi nous taisions
j'entendais la jeune fille à côté des eaux
elle s'était accroupie sur un petit espace herbeux au bord du ruisseau, vert, plus vert que les feuilles des arbres
je regardais la jeune fille, mais c'était DEPUIS LE DÉBUT, CES PHRASES, JE NE LES ÉCRIVAIS PAS : JE LES MURMURAIS INLASSABLEMENT JE REVENAIS À CETTE CONTRÉE QUI ÉTAIT CE RUISSEAU, OÙ CHLOÉ SE TENAIT AU-DESSUS DE SES EAUX, UNE MAIN EN ELLES PARFOIS
ET CE SOURIRE, JE CROIS QUE CE FUT LE PLUS BEAU QU'ELLE ME FIT un nom : Chloé Wegmann
il y avait mon nom aussi, comme la première page d'un livre où nos deux noms seraient ensemble, presque comme deux corps, enlacés et défaits à la fois
je regardais la jeune fille
il n'y avait pas de réalité mais l'ombre d'une réalité, l'ombre errante du mortel que j'étais, l'ombre du temps qui coulait à mes côtés : ce ruisseau que j'avais regardé avec Chloé
son corps était à côté du mien, et parfois j'étais persuadé que le temps m'était compté, et qu'un jour je disparaîtrai parce qu'il n'aura plus de battements à me donner
combien de temps
oh
<u>je sentais la jeune fille</u>

et d’emblée le fait de l’écrire ramenait ces phrases au statut de sa présence
je ranimais un deuil que je menais avec la certitude de faire des phrases
le visage que je tenais était beau et fin
il souriait et je lui souriais à mon tour
ce visage était sculpté et je l’imaginais sans cesse ici, dans ce sourire, et avec la distance je ne pouvais me séparer ni de ses traits ni de sa mémoire
l’aurais-je fait, je me serais séparé de ce que je savais et de ce que j’avais appris
l’oublier, cela aurait été le regretter, indubitablement et je ne pouvais oublier Chloé
mais je restais dans le vide, dans une scène absolument vide
je rivais mes yeux sur un téléphone que je n’avais pas utilisé depuis longtemps et j’espérais qu’il sonne subitement,
pour une fois je voulais qu’il sonne, et que ce soit elle
je sentais la jeune fille
les femmes sont fortes de l’attraction qu’elles exerçent
la distance, la force et l’approche : les derniers repères avant la Mort
la distance est le deuil, l’écart, la dispersion puis la perte du repère
je sentais la jeune fille
ce sont deux ombres dans une nuit qui se rapprochent et qui se regardent
ce sont deux ombres qui tournent entre elles, comme le croisement de l’homme et de son œuvre, du sourire et de ses lèvres, du parfum et de son corps
j’embrassais la jeune fille
parfois je me réveillais et j’étais au milieu des livres
j’avais oublié la raison qui m’avait donné le goût de partir du bureau
peu à peu, je me souvenais de l’œuvre et de l’auteur que j’avais cherchés avant de m’être égaré dans d’autres rangées de la bibliothèque
mais ce n’était pas sans effort que je cherchais l’origine de cette nuit
car l’œil se perdait lors des lectures
je pouvais assez bien me le représenter :
quelques nuits seulement

mais la vue qui m'avait été donnée, et comme on me l'avait donnée et à
d'autres non, j'étais libre de faire partager au monde ses secrets :
j'avais dit que c'était là mon rapport au monde
j'entendais la jeune fille
lisant, je ne cherchais pas à finir de lire : je cherchais l'attente
je cherchais un nom mais je désirais son corps, car le nom sondait
l'infini familier et connu que les êtres croisaient et retenaient entre eux
c'était une perpétuelle attente
la nuit était l'attente de ce qui avait disparu, et écrire ramenait à ce
travail, toujours vers cette absence du corps
le nom aussi était dépourvu du corps,
et forcément, celui qui cherchait s'égarait
la lecture m'arrachait
à chaque fois elle était une défaillance et une profonde absence de
repères, un Avant du langage que j'usais dans la solitude
Chloé était belle, j'en avais la certitude parce que mon corps ruisselait
de cet instant où je m'entendais dire qu'elle l'était, mais qu'elle l'était
vraiment, parce que j'en payais le prix et l'éloignement
je me reliais avec tout ce que j'avais lu pour être dans ce royaume, pour
entendre à nouveau sa voix et sa présence qui ne vieilliraient jamais, si
Chloé restait à mes côtés
mais une chose comptait également : je ne croyais plus au
commencement d'une lecture, et à vrai dire je ne croyais plus en la
moindre fin
car rien ne commençait et rien ne s'achevait
ces phrases arrachées à la nuit n'avaient pas d'âge, et leur ombre n'était
qu'un tissu d'ombres, comme les mots qui me firent cheminer jusqu'à
elle
Chloé restait devant moi
je serrais son corps comme si je voulais me river à lui, comme si en ce
point je voulais lâchement tout arrêter afin de rester ici, sur cet instant
dont je me souvenais mais qui était mille fois repoussé par d'autres
souvenirs
j'avais acquis l'existence d'un royaume
ce royaume, il me semblait l'apercevoir, maintenant que je dressais ses
phrases tout autour de moi

Chloé m'était un monde invisible
pour d'autres elle était visible, mais elle ne l'avait pas voulu pour moi
le jour déclinait et menait toujours aux moments, longs moments, où les fenêtres devenaient comme les tableaux qu'il y avait non loin d'elles, c'est-à-dire noires
noires comme les pages d'un livre
noires comme le visage d'un lecteur
noires comme l'homme solitaire
noires comme la couleur noire, et quand bien même sa noirceur exprimerait la joie
noires comme les étoiles sur le ciel blanc de la nuit
noires comme la lumière du jour, qu'on éviterait avec la main au-dessus des yeux pour chercher du regard un chemin
noires comme les montres
noires comme ces rangées de livres
noires et noires encore
noires comme la frénésie du silence accompli dans le bonheur
je ne lisais pas le livre que j'écrivais : je l'entendais
quant à Chloé, si au fond de moi-même j'avais accepté d'écrire un roman par elle, c'était pour tenter de cerner ce que j'avais d'elle en moi et ce qu'elle avait de moi
mais la parole ne laissait aucun doute car j'avais accepté ce livre, et non seulement moi mais aussi la contemplation qui me faisait vivre
plus je cherchais à la définir et plus je voulais m'approcher d'elle
m'approchant, je ne trouvais plus de mots, et je ne parvenais plus à mes fins
le langage se fanait aux côtés de Chloé, en particulier lors de ces moments où je me sentais prendre une forme du désir, le langage du geste me prenait jusqu'à m'envahir
noire sa douceur
plus rien ne venait, plus rien qui fût fil de la mémoire, plus rien qui ne s'effaçasse pas : le geste naissait, comme un papillon, et au soir du jour il était déjà mort
l'écoute ne pouvait être qu'un présent des dieux
car les choses les plus belles étaient noires, et l'on cessait de les lire par incapacité

je tournais des pages une à une
j'entendais la voix que je n'avais cessé d'interroger
mon seul rapport au monde
alors pour ce livre que j'écrivais sur Chloé, il me fallait lui rendre la Vue : j'adorais les fenêtres et j'adorais ces pages qui s'ouvraient
c'était si beau que même en ouvrant les fenêtres j'avais maintenant la sensation d'ouvrir des pages
dans quelques années, on lira mon nom; et on lira que j'ai vécu entre des pages : ce sera seulement à cet endroit que des personnes viendront me trouver
je regardais la jeune fille MAIS POURQUOI CHLOÉ ÉTAIT-ELLE AUSSI LUNATIQUE
ET C'ÉTAIT À ME DEMANDER AUSSI POURQUOI L'ART NE SE SAISISSAIT-IL JAMAIS DE LA MÊME FAÇON, ET DONC À ME DIRE QUE CETTE QUESTION N'EN ÉTAIT PAS TOUT À FAIT UNE, MAIS BIEN PLUTÔT LE MÊME PRINCIPE QUI PRÉSIDAIT AU SOMMET DU JOUR ET DE LA NUIT
je ne rêvais jamais d'elle la nuit, et c'était toujours en présence d'un chemin, d'une porte, d'une fenêtre, ou bien lorsque j'étais allongé
je rêvais à d'autres dialogues : « Arrête, pourrait-elle dire, arrête de me vouvoyer, ça fait étrange »
« mais Chloé, vous ne comprenez pas, c'est plus beau. Notre vie est courte et il faut rendre les choses plus belles, avec à chaque fois plus de singularité »
je regarderais la jeune fille, assis à mon bureau, à écrire
elle se glisserait lentement près de moi et poserait sa main sur mon épaule : « souviens-toi que je dois t'apprendre le latin, dirait-elle, mais avant tout il faut que tu connaisses bien la mythologie. Et si tu refuses et bien je ne t'apprendrais rien, et tu ne sauras rien de la création de l'homme. »
« comment ça, je n'en saurais rien ! ? Que savez-vous de moi ? »
j'entendais la jeune fille
et puis, au matin, le jour me réveillait, peu à peu, jusqu'à la sonnerie du réveil
je tournais dans mon lit et m'étirais jusqu'à faire de mon corps la diagonale

et quand j'ouvrais les yeux j'y avais mal, c'était le jour qui leur faisait
mal
tant de temps à laisser passer la nuit, tant de temps à l'aimer et à lui
faire entendre que l'on est bien avec elle, et que l'on voudrait rester avec
elle
tant de temps à embrasser la nuit, tant de ferveur à le faire, trop de
ferveur, car le temps passait plus vite et la nuit, autant que l'on s'en
souvienne, à perte de l'écoute, comme un chant, s'était envolée comme
un voile
mais les tableaux, eux, restaient noirs
la noirceur ne s'était pas retirée, et même, elle était plus noire que la
veille
mais quelle couleur était plus noire que le noir
aucune, certainement
mais la noirceur n'était qu'une idée, de toute façon, plus noire
lorsqu'elle s'emplissait du temps écoulé lors de la veille
plus noire quand elle restait ce qu'elle était, et que le corps des hommes,
quand ils se comparaient à elle, vieillissait jusqu'à en moisir, jusqu'à
traverser cette immense salle remplie de livres et dans laquelle ils
disparaissaient par une porte, refermée derrière eux
les hommes savaient entendre leur mort
la mienne est heureuse, parce que je m'habituais à elle dès le
commencement et parce que je la lisais en même temps qu'elle me lisait :
nous lisions les mêmes œuvres et faisions les mêmes pas dans la
campagne
j'entendais la contemplation, et en ces moments « Cavalleria rusticana »
me semblait le morceau musical qui ressemblait le plus à Chloé
Wegmann, c'est-à-dire presque voluptueux, mais avec pour traits
dominant ce couple de vivacité et de douceur, de tendresse et de vérité, et
que j'écoutais avec le sentiment de renaître, de me renvoyer à l'instant
du tremblement où j'étais blotti contre elle
j'entendais la jeune fille dans cet instant, et irais-je faire des milliers de
kilomètres pour oublier le monde, dans trente ans, dans soixante ans,
que je serais ramené à ce lieu, dans la chambre d'ombre, avec Chloé
pour muse
et je l'entendais dans la symphonie nourrie par le temps, comme les

tableaux entre lesquels je l'avais tant entendue
même en plein jour, je m'endormais dans le langage que j'avais moi-même porté
ce n'était, non pas du sommeil, mais un délaissement du corps, comme si je m'étais présenté au monde par ces phrases seules et que je n'étais né que par elles
la vérité était que le langage se trouvait devant moi, et que derrière lui je ne faisais que le suivre
mais plus que le langage, les phrases étaient des vestiges, des vertiges mêmes, ces lectures qui, ne se contentant plus d'être ce qu'elles étaient, devenaient une matière, un accomplissement réalisé dans la contemplation, dans l'écriture d'un être aimé, voire dans un corps
plus j'écrivais et plus je m'approchais de Chloé
lorsque je m'approchais d'elle je l'oubliais avec moi et avec le reste
il me semblait ôter Chloé de l'Ailleurs pour la poser ici, et, l'Ailleurs étant la réalité, je me demandais si elle avait vraiment été, ou bien si vraiment j'avais vécu ces moments avec elle, qui me paraissaient loin et me laissaient rêveur
si j'écrivais, c'était pour chercher à entendre
j'entendais la voix de la phrase que j'écrivais jusqu'à son épuisement puis jusqu'à sa mort
mais comme j'avais décidé que mes phrases n'allaient pas finir, c'était moi qui mourrais, et à chaque fois j'en revenais au même point d'anéantissement, et l'absence remplaçait l'être-là
aucune phrase ne s'arrêtait et toutes étaient des maillons de chaîne reliés au vide
mon bonheur semblait celui de les entendre s'accomplir sans moi, parce qu'elles se contentaient de me recouvrir
j'avais parfaitement et définitivement assimilé la phrase à la fenêtre, l'heure à la page, l'écoute à un tableau, de sorte que je n'étais plus rien dans cela, un peu comme un traducteur situé hors d'un dialogue, mais qui entendrait les faits et leur sens
j'entendais la jeune fille et je commençais à lui donner un sens
si je la perdais, je garderais ce sens
mais je ne pouvais le perdre, de toute façon, car je le retrouvais inlassablement au fond de moi, sous les effets de la contemplation, parmi

les fenêtres et les chemins
parfois, je voulais relire à voix haute ces phrases que je venais d'écrire, mais je ne le pouvais pas, et donc ne pouvais les entendre ; car ma voix se cassait si vite et l'écoute, très rapidement, devenait mauvaise : je mourais
mais qu'étais-je si je n'étais plus un corps
une dépouille ou bien un cadavre
non, vraisemblablement, puisque malgré tout je parvenais à me promener à tous les étages du château, à monter et à descendre les escaliers aussi vivement que je le voulais et avec toute la force qu'il m'était possible d'avoir
et puis j'entendais encore, et je remarquais sur les ombres, lorsque le soleil couchant passait par les fenêtres, que leur forme se détachait jusqu'au point de se river sur le lieu qui les enchaînait
en un instant, elles prenaient cette écriture de la nuit et se préparaient déjà à la recevoir, comme une hôte des plus prestigieuses
je lisais la voix éteinte et rendais la jeune fille plus jeune à chaque phrase, de sorte que, le temps avait beau passer, il avait beaucoup de mal à la vieillir
finalement, mon regard ne cherchait plus le téléphone, et j'avais oublié cet objet
les pages remplies devenaient de plus en plus nombreuses
j'entendais la jeune fille
je voulais l'entendre marcher avec moi
je voulais l'écouter à nouveau avec le roucoulement du ruisseau
je voulais entendre Chloé
je voulais lui faire entendre « Cavalleria rusticana » en lui disant que c'était elle
mais j'avais tord, elle se passionnait depuis son enfance pour des personnages qui n'avaient jamais existé, mais qu'elle aimait plus que moi, moi qui étais en face d'elle
« je connais tout par cœur, ne te fatigue pas. Avant, J'AURAIS VOULU QU'ELLE OUVRE LA PORTE QUI NOUS SÉPARAIT, ET J'AURAIS VOULU QU'ELLE LA FRANCHISSE
MON PLAN DE TRAVAIL ÉTAIT BIEN EN FACE DE MOI, ET, SUR UN CÔTÉ OU UN AUTRE, LA LAMPE DU BUREAU ÉCLAIRAIT

EN MÊME TEMPS UN MORCEAU DE LA PIÈCE NOIRCIE PAR LA NUIT

ET NE TROUVANT PLUS RIEN À ÉCRIRE, POUR DE LONGS INSTANTS, JE REMARQUERAIS SUBITEMENT QUE CHLOÉ SE TIENDRAIT sur la Terre, il n'existait pas d'hommes. La Terre était magnifique : c'était un jardin pour les Dieux qui aimaient y descendre pour s'y reposer. Un Titan, Prométhée, décida de concevoir une créature qui pourrait profiter de cette terre ENTRE L'OMBRE ET LA LUMIÈRE qui refermait de nombreux trésors inconnus. Il se mit donc au travail : il prit de l'argile et la modela à sa propre image. La créature était si vraie qu'il fut déçu de ne pas la voir bouger et parler. Il décida alors de partir voir Athéna (Minerve, pour les Romains), parce que LE BAS DE SON CORPS SERAIT BIEN SÛR ÉCLAIRÉ, MAIS J'AURAIS DU MAL À VOIR SON VISAGE, PAR EXEMPLE, OU MÊME SON COU cette déesse symbolisait aussi l'intelligence. C'est elle qui protégeait les inventeurs. Mais même Athéna ne put rien faire, car pour animer cette statuette il faudrait le feu du ciel. Malheureusement, Zeus (ou Jupiter) ne consentira jamais à en donner la moindre étincelle. Athéna l'autorisa à l'accompagner sur l'Olympe. Personne ne se méfia de lui. Mais la nuit venue, il se glissa dans les écuries où JE RESTERAIS IMMOBILE, CHLOÉ AUSSI.

JE N'ENTENDRAIS QUE SA VOIX QUI MURMURERAIT ; MAIS ELLE NE ME PARLERAIT PAS POUR DIRE LE SENS DES SEULS MOTS QU'ELLE ÉNONCERAIT, NON, CE SERAIT QUELQUE CHOSE DE PLUS FORT ET DE PLUS BEAU, UNE MODE DE PRÉSENCE ET UNE MANIÈRE DE ME DIRE QU'ELLE ÉTAIT LÀ, MÊME QUAND ELLE N'ÉTAIT PAS AVEC MOI, ET MÊME QUAND JE NE LA VOYAIS PAS Apollon mettait son char du soleil. Il prit quelques étincelles puis sortit. Il redescendit sur Terre et posa cette flamme sur le front de sa statue d'argile. Celle-ci commença à remuer. Prométhée lui remit le feu et lui dit : « Grâce à ce feu tu pourras te défendre contre les fauves, cuire tes aliments, affronter l'hiver… » Sur l'Olympe, la nouvelle ne tarda pas à se répandre et l'on compris que le Titan avait volé le feu. Zeus entra dans une colère terrible. Il fit venir son fils Héphaistos (Vulcain) et lui demanda de créer une femme à l'image de la plus belle des déesses : Aphrodite (Vénus), l'épouse d'Héphaistos.

Athéna la trouva si jolie qu'elle ne put s'empêcher de lui déposer un baiser sur la joue. La statue CHLOÉ WEGMANN AURAIT-ELLE BEAU RESTER ABSENTE À MES YEUX, J'AVAIS D'AUTRES MOYENS DE L'IMAGINER À MES CÔTÉS, s'anima immédiatement. Elle fut nommée Pandore. Zeus lui donna une boîte mais il lui conseilla de ne pas l'ouvrir. Hermès (Mercure), messager des dieux, annonça JUSQU'À CES LIGNES QUE JE SOUMETTAIS À LA PAGE à Prométhée l'arrivée d'une femme. Celui-ci refusa de voir Pandore car il redoutait la vengeance divine et savait que je sentais la jeune fille et ce silence a accompli pour moi un dialogue derrière cette femme devait se cacher un piège. Alors, Hermès alla présenter Pandore au frère du titan : Epiméthée. Celui-ci ne se méfia pas, puisqu'il ignorait le méfait de son frère. Il décida de l'épouser. Elle désirait ouvrir le coffret confié par le maître de l'Olympe. Epiméthée l'approuva, car la curiosité féminine l'amusait. Dès que le coffret fut ouvert un nuage s'en échappa. Celui-ci contenait la Méchanceté, la Guerre, les Maladies, les Chagrins. Epiméthée comprit : il chassa donc Pandore parmi les hommes et referma la boîte en gardant prisonnier un dernier insecte : l'Espérance. La première femme rejoignit le premier homme et ils peuplèrent le monde. Mais la terre était en péril, à cause de cette boîte. Les Dieux de l'Olympe furent choqués car personne ne leur rendait le culte, et ils décidèrent de faire disparaître la race humaine. Zeus décida de tous les exterminer, d'un seul coup, en les noyant. Poséidon (Neptune) déclencha donc des tempêtes, des raz-de-marée. Tous les hommes furent noyés sauf un couple, Deucalion, le fils de Prométhée, et son épouse Pyrrha : ils avaient construit une barque. L'eau avait recouvert toute la Terre sauf le sommet du Mont Parnasse. Le couple descendit donc sur ce mont au bout du dixième jour du déluge. Zeus ordonna l'assèchement du monde et celui-ci retourna à son état premier. Deucalion et Pyrrha descendirent de la montagne et trouvèrent un petit temple qui était celui de Thémis. Ils prièrent et une voix mystérieuse sortit de la statue : « Sortez du temple, voilez votre tête, déliez la ceinture qui retient vos vêtements, et jetez derrière vous les os de votre grand-mère ». L'homme médita longuement. Très longuement. Enfin, il comprit : « Mon père est Prométhée, qui est le fils de la Terre. La Terre est ma grand-mère. Les os de la Terre ne peuvent être que les pierres ». Le couple se mit donc au travail et, à chaque pierre jetée, celle-ci se changeait en hommes et en femmes. C'est ainsi que fut repeuplée la Terre. Zeus n'oublia certainement pas que Prométhée l'avait trompé et il ordonna à Hermès de le conduire sur le Mont Caucase et de l'y enchaîner solidement pour qu'un aigle, spécialement dressé, lui dévore éternellement le foie, qui repoussait éternellement. » JE CARESSAIS LA JEUNE FILLE QUI ÉTAIT VENUE VERS MOI ET POUR LAQUELLE JE M'ÉTAIS LEVÉ DE MON BUREAU

JE LA PRIS DANS MES BRAS ET NOUS NOUS SERRÂMES TRÈS FORTS

ET JE ME DONNAIS ENVIE DE CONSIDÉRER LE LANGAGE COMME LA RÉSURRECTION MÊME DE CE QUI AVAIT ÉTÉ ENFOUI DEPUIS L'INSTANT OÙ ON L'AVAIT ENTERRÉ : ABSENT À LA LUMIÈRE, ABSENT À L'HEURE QUI PASSAIT ET AU TEMPS QUI S'EMPLISSAIT

ET JE CROIS QUE MOI AUSSI AVAIS ÉTÉ ABSENT, EN FACE DE CHLOÉ, SUR UN LONG DÉTACHEMENT QUI ME FAISAIT DÉJÀ LA REGARDER AVEC L'AMERTUME D'UN QUI SE DISAIT QU'ELLE ÉTAIT TROP BIEN POUR LUI ET OH COMBIEN TROP LOINTAINE *j'entendais la jeune fille*

je l'entendais nous entendre

elle habitait au pays du silence POUR LA SAISIR À NOUVEAU UNE NUIT, UNE TENDRE NUIT AU DÉPOUILLEMENT DU CORPS

C'ÉTAIT SANS COMMENCEMENT

je rangeais ces phrases dans des pages qui n'étaient pas les miennes

j'écrivais un livre qui ne m'appartenait pas

j'habitais un homme qui existait à peine

enfin, ce château se délabrait, et ces mots se fendaient

j'allais sur le lit, et je m'endormais

C'ÉTAIT SANS FIN

JE CARESSAIS LA JEUNE FILLE ET ÉTEIGNAIS EN MOI LE TEMPS QU'IL FAISAIT, LA SAISON ET LE JOUR OÙ NOUS ÉTIONS

J'ÉTAIS AVEC CHLOÉ WEGMANN ET J'ÉTAIS SEUL AVEC ELLE PEU DISAIENT CELA CAR PEU LA CONNAISSAIENT ET PEU LA CONNAISSAIENT CAR ELLE NE SE PRÉSENTAIT NULLE PART

JE CARESSAIS LA JEUNE FILLE ET C'ÉTAIT UN GESTE SIMPLE
JE ME SOUVENAIS DE SON REGARD, AVANT QUE NOUS NOUS SERRIONS AU BORD DU RUISSEAU :
je sentais la jeune fille
elle avait disparu quelques instants dans sa chambre ; et lorsqu'elle revint
je sentais ce parfum qu'elle s'était mis en mon absence
c'était un signe
IL ÉTAIT HEUREUX ET POURTANT DISTANT, FRAGILE ET POURTANT DUR
JE ME SOUVENAIS DE CES INSTANTS MAIS JE NE PARVENAIS JAMAIS COMPLÈTEMENT À LES REVIVRE
SOUVENT JE M'EFFACAIS D'EUX AVANT MÊME DE CONSTATER QUE J'ÉTAIS IMMERGÉ DANS LEURS VAGUES
SOUVENT JE M'EFFACAIS D'EUX ET EN REVENAIS INCESSAMMENT À LA RÉALITÉ, NON SANS ÊTRE PASSÉ PAR LE REGRET MAIS AUSSI PAR LE TROUBLE, DANS L'UN DE CES JOURS QUI VIENDRA, DE NE PLUS DU TOUT M'EN SOUVENIR
JE PERCAIS L'OMBRE POUR QUE JAILLISSENT ENCORE ET ENCORE UN *RIEN* VISIBLE, CETTE FEMME DONT J'AIMAIS VOIR L'ABSENCE
« je te regarde, Chloé, mais toi tu n'oseras pas le faire aussi longtemps que moi. Laisse-moi te lire. Laisse-moi t'écrire. Je n'ai pas JUSQU'À CES PAGES QUE J'ÉCRIVAIS, JE FIXAIS ENCORE MON REGARD SUR LA SILHOUETTE DU TÉLÉPHONE
MAIS IL RESTAIT D'UN SILENCE PLUS SILENCE ENCORE QU'UNE NUIT, PLUS SILENCE QUE TOUT, CAR C'ÉTAIT CHLOÉ QUI RESTAIT SILENCIEUSE de mythologie, comme toi, je n'ai qu'une passion et tu es près de son épicentre.
les mots ne portaient pas la mémoire du plaisir, et encore moins celle du rêve
car ce qui a été restait hélas derrière : c'était l'impuissance même de l'instant
j'imaginais cette contrée, et me heurtant au vide je me rendais compte qu'elle pouvait être vaine
le sentir, c'était le plus beau
j'errais dans ce vide, comme portant mon propre deuil, en tenant une

bougie devant moi
la nuit m'était source, et cherchant au travers d'elle j'aspirais à ce Nulle part que je ne connaissais pas, dans la singulière vérité de la nommée
contemplation
« quel est l'épicentre ? » L'ÉCRITURE VOULAIT TENIR EN ELLE CE VISAGE, CETTE VOIX, CE CORPS ET CES YEUX
JE CARESSAIS LA JEUNE FILLE
J'AVAIS FAIT UN GESTE QUE DE NOMBREUX VIVANTS AVAIENT FAIT
ET POURTANT, CE GESTE, JE LE SENTAIS TOTALEMENT DIFFÉREND DU FAIT DE L'AVOIR PLUS ÉCRIT QUE VÉCU, DE L'AVOIR IMMORTALISÉ ET CONCENTRÉ EN UN SILENCE, QUI ÉTAIT LE SILENCE DE LA PHRASE
JE CARESSAIS LA JEUNE FILLE
JE CARESSAIS LA FEMME
JE CARESSAIS CHLOÉ
ET ÉCRIVANT, JE SENTAIS QUE LA CONTEMPLATION ÉTAIT DES LIVRES ADMIRÉS EN SILENCE, ET QU'UNE FEMME AIMÉE ÉTAIT DANS CE MÊME SILENCE
JAMAIS NE ME SERAIT VENUE L'IDÉE DE LUI DIRE « JE T'AIME » AVEC LA SIMPLICITÉ ET LA DICTÉE DE L'INSTINCT QUI SE DONNAIT ENTIÈRE ET TOUT DE SUITE À MOI
LUI DIRE QUE JE L'AIMAIS DE LA SORTE AURAIT VALU DIRE QUE JE LE PENSAIS, MAIS L'INSTANT QUI LE SUIVAIT N'ÉTAIT PAS LE MÊME, NON PAS PARCE QUE JE NE ME SENTAIS PLUS ÉPRIS D'ELLE, MAIS PARCE QUE L'IDÉE S'ÉTAIT DÉJÀ ÉVANOUIE ET QUE LES MOTS ÉTAIENT SANS CESSE PLUS LOIN, EN SE POUSSANT ET EN SE DÉROBANT COMME DES SECONDES
JE LUI PROUVAIS NON PAS AVEC CETTE PETITE PHRASE QUE LE MONDE EMPLOYAIT À MAUVAIS ESCIENT PARTOUT ET TOUT LE TEMPS, AUTANT QU'IL LE POUVAIT, MAIS AVEC TOUT LE LANGAGE DU GESTE, PAR SA LUCIDITÉ ET PAR SA FORCE
JE CARESSAIS LA JEUNE FILLE AUSSI, ET AIMAIS FROTTER MES DOIGTS CONTRE SES JAMBES OU CONTRE SES BRAS

JE CARESSAIS LA JEUNE FILLE ET D'AUTRES FOIS, SOUVENT D'AILLEURS, LE LANGAGE DU GESTE SUFFISAIT
CHLOÉ Y RESPLENDISSAIT
QUAND J'ÉTAIS ALLONGÉ SUR ELLE, JE ME SENTAIS RESPIRER FORT
ET je sentais la jeune fille
et je la contemplais après l'avoir sentie
mais, écrivant, la contrée que je croyais ouvrir n'était pas la sienne
le monde de Chloé n'était pas celui-ci, et je n'y entrerai jamais
ou bien je resterai au seuil de sa porte
cette contrée qu'il me semblait découvrir, ce n'était que la mienne qui s'approfondissait et dont j'ignorais jusque là le souffle, qui serait venu jusqu'à mon visage, sur cette terre, dans ce château
les mots me prenaient car je ne savais comment les prendre
j'allais de fenêtre en fenêtre, et j'y restais pour mieux sentir
QUAND JE ME PROMENAIS ET QUE LA CONTEMPLATION VENAIT À MOI, MES RESPIRATIONS S'ÉTIRAIENT JUSQU'À TOUCHER LES PARFUMS DES ARBRES ET DES TERRES
JE N'AVAIS PAS BESOIN DE REGARDER MA MAIN POUR VOIR QUE CHLOÉ N'ÉTAIT PAS LÀ MAIS JE POUVAIS TOUJOURS ME DIRE, VIVANT DANS SON ABSENCE, QU'ELLE ME DICTAIT CE LIVRE JUSQU'AU DEHORS DE LA PAGE, ET QU'ELLE ME LE DICTAIT PARFAITEMENT
IL N'Y AVAIT QUE PEU DE DOUTE, EN RÉALITÉ : CHLOÉ ÉTAIT MA MUSE
MAIS ELLE ÉTAIT MUSE DANS MA SOLITUDE, C'EST-À-DIRE LORSQUE JE ME PROMENAIS LES MAINS DANS LES POCHES, ENTRE DEUX CHAMPS, SUR UNE PETITE ROUTE OU SUR LES SENTIERS DES BOIS DE LOMAGNE
ET ELLE ÉTAIT LÀ POUR QUE JE SONGE À ELLE
J'AVAIS CARESSÉ LA JEUNE FILLE, ET JE RÊVAIS DE LE REFAIRE
CHLOÉ ÉTAIT IMPRÉVISIBLE, ET POUR CELA JE SERAIS SON CONTRAIRE, FIXÉ SUR MON ASPIRATION, RIVÉ À LA VOLONTÉ DE VOIR S'ACCOMPLIR CE SOUHAIT AUQUEL J'ÉTAIS FERMEMENT ATTACHÉ, ENCHANTÉ COMME LE

PAPILLON SUR SA FLEUR, **j'embrassais la jeune fille c'était à travers la fenêtre** PARCE QUE LA LITTÉRATURE ÉTAIT UN LIEU PEINT D'IMAGES QUI S'INCORPORAIENT AU LANGAGE

JE ME LA REPRÉSENTAIS HEUREUSE, JUSQUE DANS SES PIRES DÉTRESSES, PARCE QU'ELLE ÉTAIT UNE DÉLIVRANCE, UNE FENÊTRE OUVERTE PAR LAQUELLE FUYAIENT CEUX QUI VOULAIENT VRAIMENT VOIR DES CHOSES NOUVELLES

D'AUTRES CROIRAIENT QU'ÉCRIVANT SUR CHLOÉ JE VOUDRAIS L'IDÉALISER, MAIS CE SERAIT FAUX

JE GARDAIS SUR UNE PAGE SON NOM

JE GARDAIS SON NOM ET APPRENAIS À LE LIRE

je sentais la jeune fille

les pages, inévitablement, me ramenaient à la nuit, dans cette seule nuit où les gestes et les sens ne se hissaient que quelques instants, lorsque l'ombre, à chaque fois, se faisait chasser un peu plus hors du lit

JE GARDAIS SON NOM ET LE MURMURAIS, ET JE MURMURAIS QUE JE L'AIMAIS, ET JE MURMURAIS ENCORE

CE SERAIT, COMME JE L'AVAIS ÉCRIT, LE PONT AVEC LE MONDE, UNE SEULE ET LONGUE PHRASE QUI S'ÉTALERAIT DE PAGE EN PAGE

UNE PHRASE, COMME UNE VOIX CONTINUE

« C'est la contemplation. Je ne peux te la dire, avec aucun mot, les textes ne peuvent pas s'en approcher. Elle n'a pas de lien avec le sens. Elle n'a pas de forme. L'écrirais-je, comme dans mon journal, ce ne sera jamais que des vibrations de sa matière, de la poésie, des jaillissements de lumières, mais rien de plus ; ce tremblement, ce séisme qu'elle donne, ce ne sera jamais elle.

« alors qu'est-ce que ça sera ? »

« une femme, l'image d'une femme, toi par exemple. Je te regarde, jeune fille, et j'arrive à me convaincre que c'est bien toi. JE CARESSAIS LA JEUNE FILLE

JE L'AVAIS FAIT DES HEURES ENTIÈRES

MAIS, PENDANT QUE J'ÉCRIVAIS, CES GESTES SE SUPERPOSAIENT AVEC LES MÊMES GESTES ACCOMPLIS POUR DES MOTS

ET CES PHRASES – OU CETTE UNIQUE PHRASE FILANT LE LONG DE PAGES ENTIÈRES, RESSORTAIT PARFOIS DE SON RÊVE POUR SE POSER DANS LA RÉALITÉ Ce sont des instants comme autant de vides. Le langage n'a pas lieu. »

je regardais la jeune fille

« Chloé, est-ce que tu veux être ma fiancée ? »

mais la fenêtre se claquerait dans un grincement ignoble

« Non… »

« Non, poursuivrait-elle, tu es juste un bon ami. Je ne t'aimerais pas assez… je t'aime… bien. »

puis pour plaisanter je lui dirais : « vous êtes nulle ma chère ! »

je regardais le chemin que j'avais choisi pour la promenade du jour

je me souvenais JE CARESSAIS LA JEUNE FILLE COMME CETTE PHRASE LONGUE, PLUS DÉCHIRANTE QUE LE SOUFFLE qu'elle était au bord de l'eau

je me souviens qu'elle s'était douté que je la regardais

je regardais la jeune fille revenir de la chambre qui était pour elle ; elle s'était absentée une courte minute et, dès qu'elle entra dans la pièce, je sentis le parfum qui donnait du sens à son absence

nous étions seuls

« quand JE CARESSAIS LA PHRASE ET LES MOTS COMME LE SOUVENIR DE L'IMAGE je sentais la jeune fille

l'Art n'était pas celui qui avait rendu plus intense une couleur ou un relief

il n'a témoigné que de la transparence de la nuit

l'Art, c'est : « je marche »

c'était une voix qui n'avait pas jailli plus miraculeusement qu'une autre, mais peut-être plus silencieusement, avec les ardeurs de la mémoire, avec la conscience d'un passé, mais qui veillait et se suspendait QUI SE MÊLANGEAIT À SA VOIX, RESSORTAIT PARFOIS ET VENAIT SE BRÛLER AVEC D'AUTRES PHRASES, QUI À L'ORIGINE ÉTAIENT LOIN DE CETTE FORME tu écris, ton visage m'effraie presque. Tu es sérieux et presque triste, grave et presque pâle. Tu n'es presque pas ici. »

J'AVAIS ENVIE DE ME SOUVENIR DE TOUT CE JOUR QUE J'AVAIS PASSÉ AVEC ELLE, BOUT PAR BOUT, JUSQU'AU MOINDRE TREMBLEMENT DE PEAU

« un jour, tu seras belle depuis longtemps, et je ne t'aurais même pas assez regardée »
la fenêtre est une baie munie d'une fermeture vitrée, pratiquée dans un mur afin d'y laisser entrer l'air et la lumière
« un jour, je te trouverai belle depuis longtemps, et je ne te l'aurai même pas assez dit »
« un jour, il me semblera ne pas vous avoir assez entendue, alors parlez, je veux vous entendre »
« mais tu sais que quand on demande ça, c'est la meilleure façon de faire taire l'autre. Tu le sais et pourtant tu le fais. Alors que dois-je faire ? »
« Je ne sais pas, mais, vous, vous le savez, alors laissez-moi vous embrasser »
je n'avais pas de secret pour continuer à l'entendre, et je n'en aurais jamais
les fenêtres ont-elles un secret pour être aussi belles, quand derrière elles des milliers d'ondes se confondent et se fendent, s'échangent et se changent
car quel est ce monde, s'il ne m'appartient pas
j'avais acquis que ce royaume existait et j'avais tout ce que je voulais en lui
les phrases se dérobaient et elles me laissaient prendre,
mieux encore que les choses et les êtres, leur essence
et leur essence restait lointaine mais éternelle, parce que je ne finirai de les écrire, et maintenant encore
j'entendais Chloé, son visage avait quelque chose d'extraordinairement intime
c'était déjà au-dessus des phrases
je restais près d'elle et je restais son compagnon, car c'était moi qui l'accompagnait
j'admirais cette intimité dans son visage, j'y aurais lu l'absence d'heure
sa solitude valait l'admiration de l'autre parce qu'elle s'était passé de cet autre
mais la question de savoir si, à cet instant même, elle me manquait ou pas, redéfinissait complètement l'écoute que j'attendais
car effectivement je ne pouvais y répondre
j'entendais la jeune fille

j'entendais la voix que j'offrais à ces pages

je m'entendais le leur dire dans la contemplation, et je laissais parler le rêve

« Jeunes filles, jeunes filles, ignorez votre beauté, laissez la derrière vous ; surtout ne la laissez pas se mettre en avant, car il se pourrait qu'elle vous rende mauvaise et qu'elle s'en aille, si vous veniez à l'apprendre. Jeunes filles, lisez. Lisez votre jeunesse, regardez ce ruisseau qui coule devant vous mais fixez-le, ne le suivez pas. Restez dans cet instant, parce que vous vous en souviendrez longtemps, mais lisez, lisez encore, ne laissez pas ces moments vous fuir, parce qu'eux voudront le faire. Écoutez ce chant qui vous appartient. Écoutez cette eau qui vous parle, elle veut vous dire oh combien vous êtes jeunes et combien vous êtes jolies. Lisant, vous venez d'entrer dans le royaume. Et un jour, quand vous en partirez, vous serez belles depuis longtemps, mais vous ne l'aurez même pas assez entendu. »

j'entendais la jeune fille

je regardais avec amertume les objets qui m'entouraient, les moments où je n'arrivais plus à écrire

ou bien si, j'écrivais

mais j'écrivais et l'abyme s'ouvrait davantage, même s'il se suspendait par moments

par moments seulement

le langage me devançait, et il me maintenait dans la forme contemplative de l'idée, comme si inlassablement il me faisait entendre les chants de la fenêtre

j'ouvrais des pages et je rencontrais Chloé

c'était moi qui me faisais la rencontrer, parce qu'elle demeurait sans cesse plus loin à travers la fenêtre

je la contemplais à travers la fenêtre

je regardais la jeune fille, et j'eus soudainement conscience que mon regard seul était une fenêtre

j'entendais Chloé me parler

parfois, sa voix me devenait méconnaissable, alors j'attendais jusqu'à la nuit, mais je ne la reconnaissais toujours pas

je m'endormais

« un jour, l'on te trouvera belle depuis longtemps, et tu ne l'auras jamais

pensé »
quand JE CARESSAIS LA JEUNE FILLE elle était enfant, elle rêvait d'un lit à baldaquins
il faisait nuit et elle fixait la fenêtre
elle craignait qu'un méchant homme arrive et l'enlève
au lieu de cela je sentais la jeune fille
je sentais, écrivant une seule mémoire que nous partagions ;
car le livre serait lu et je ne pouvais plus retourner en arrière
mais l'abyme dans laquelle je me retrouvais me plaisait, l'abyme du silence, et j'errais avec l'intention de garder ces ombres qui m'avaient tout aussi bien porté à moi
c'est ici que *je suis*, et rapidement c'est ici que je mourrai
je sais que je ne saurais être ailleurs plus longtemps
je prenais ce chemin et je le sentais
je prenais ce livre et je le sentais
je prenais cette femme et je la sentais
car, un jour, elle sera belle depuis longtemps, et mon visage ne sera même pas assez resté auprès d'elle c'était le chat qui se présentait sur le rebord
ses parents et elle ramenaient chez eux tous ces objets qu'ils allaient peut-être revendre un jour
des coffres des cadres des habits parfois des chandeliers des vases des cartes postales que des êtres qui s'aimaient s'étaient écrit au siècle précédent (mais Chloé les gardait pour elle. Elle m'en avait offerte une, d'ailleurs, c'était une photographie de l'église Notre-Dame de l'Assomption à Beaumont-de-Lomagne) des moules à cierges des tableaux des miroirs
ils travaillaient l'oubli et tout ce que les gens avaient abandonné : objets créés par les enfants du monde mais que le monde n'avait pas voulu
et elle, son plus beau métier serait de prendre le même chemin
mais Chloé n'avait aucune idée du métier qu'elle allait faire, peut-être parce que tous exigeaient un mode de présence et d'assiduité qu'elle ne pensait pas pouvoir assumer
ou bien les métiers, tel qu'on les lui présentait, n'avaient de sens avec sa personne, ni avec ses heures, ni avec ses rapports sociaux, et peut-être ne concevait-elle que trop ce travail assimilé à la masse, c'est-à-dire à tout

ce qu'elle n'avait jamais été, voire même tout ce qu'elle détestait et tout ce dont elle n'avait pas envie de croiser

son grand amour était celui porté à ses parents, et l'on pouvait imaginer que rien n'allait être envisagé sans en tenir compte

en écrivant, je voudrais ranimer sa voix, je voudrais la tirer de l'absence

« Regarde ces bois autour de Maubec. Ils sont juste au-dessous de ma maison, elle est sur une butte, en fait. Je ne sais plus en quelle langue *butte* se dit *Tuco*. Le lieu-dit, c'est son nom. Regarde, le lieu où j'habite a le nom de ce qu'il est, c'est drôle, quand on y pense. Regarde les remparts, je les trouve vraiment beaux. J'aimerais toujours habiter chez moi. Jamais ailleurs. C'est ici que commencent mes mondes. C'est ici que *je suis*. Je suis ailleurs quand je désire être ici. Je suis ici quand JE CARESSAIS LA JEUNE FILLE

NOUS NOUS PROMENIONS ENSEMBLE ET PLAISANTIONS, RIANT QUAND NOUS TRAVERSIONS UN CHAMP, SOURIANT QUAND ON SE REGARDAIT

PARFOIS, DES FRAGMENTS DE SILENCE BARRAIENT LES MOTS DANS MA BOUCHE ET JE ME CONTENTAIS D'ÉCOUTER CHLOÉ ET DE GARDER SA MAIN DANS LA MIENNE

ET JE CROIS QUE DES STATISTIQUES DÉVOILLERAIENT QUE CHLOÉ PARLAIT PLUS QUE MOI

je sentais la jeune fille

elle s'était isolée tout autant que moi pour ne pas laisser s'éteindre le passé

je l'avais contemplée, mais c'était lorsqu'elle n'était pas là

je l'avais contemplée avec le souvenir, comme la mémoire déjà, comme si Chloé appartenait au passé

elle était revenue par une simple image, floue et déchirée, survenue dans mon inconscient

ma réalité tenait à ce passé que je n'avais jamais vécu et que je m'étais contenté de lire

j'écrivais plus que je parlais

j'errais dans une ombre, constamment, mais je souriais à cette ombre

l'accomplissement, c'était écrire au-dessus des autres, lorsque je trouvais la singularité et qu'enfin je pouvais me sentir seul

et je crois que tous les hommes tendaient à la trouver

la solitude revenait en moi, ou c'était plutôt moi qui revenais en elle
parfois, je regardais mon téléphone mais il ne sonnait pas, pas plus que je parlais, et il restait posé, objet plus objet, un existé indifférent à l'heure et au temps qui passait en le rongeant
souvent, je regardais les œuvres d'art, accrochées au mur
elles étaient un fantastique dépôt de la nuit, un murmure de la cendre, une fenêtre de derrière les ténèbres, parfois claires et laissées à la lumière, souvent noires et offertes aux ombres
je les regardais avec la conscience de les sentir plus que de les voir parce que je fermais les yeux, et je sentais les indénombrables courants d'airs prendre les trois pièces du deuxième étage, où il n'y avait d'ailleurs aucune porte
les fenêtres y abondaient, et l'homme se perdait
il n'était resté qu'un fil de son passage, des phrases, et qui elles-mêmes n'avaient encore fini de se perdre
j'ai suivi ce fil
j'ai remonté jusqu'à sa source, le ruisseau
j'ai encore imaginé Chloé dans ce décor mais je n'ai pas inventé mon sourire, parce que revenant là-bas je me souvenais du sien
l'aimant, il me semblait vaincre en moi l'indifférence que j'avais eu aux sentiments, jadis, parce que j'avais moi-même ces sentiments, et parce que je ne pouvais plus être contre ceux qui en éprouvaient pour une femme
l'Art amplifiait cette demande du corps et de l'esprit, et je sentais ce plaisir se développer, à peine venais-je d'humer le parfum des lavandes que je traversais pour aller en haut du jardin
les sens avaient devancé le langage, et je les avais éprouvés avant même de pouvoir parler, et bien avant, encore, de pouvoir écrire
mais maintenant que j'avais acquis la faculté de les sentir, les sens se faisaient plus fort, de sorte que je ne rattrapais jamais leur vérité
je me convainquais de cerner leur essence, l'essence de la réalité, et les mots venaient à moi, comme je l'avais écrit précédemment, dans la quasi-impossibilité que j'avais à les saisir, c'est-à-dire dans l'inconscient que je traversais au moment de m'endormir
les mots étaient cet objet tombé par erreur dans la mer, et que l'on s'apprêtait à attraper lorsque la marée se retirait et que l'objet traînait sur

la dernière vague, porté comme une poussière, quand toute la masse des eaux était déjà loin

je sentais ces mots venir, comme si je m'apprêtais à sentir une odeur

souvent, il me fallait un courage énorme pour les saisir, car mon corps ne voulait plus participer à cet effort

mon corps, en effet, s'était fermé à la lumière et s'apprêtait à partir à la nuit pour des heures entières

mais alors que j'étais allongé, une phrase était bel et bien prête dans mon esprit

la phrase se composait de fumée et elle s'éloignait peu à peu dès l'instant où elle avait été créée

il suffisait que je souffle dessus, volontairement ou involontairement, c'est-à-dire en pensant à autre chose, ne serait-ce qu'un moment, pour que sa fumée et les noms qui la composaient n'existent plus, ni dans son fond ni dans sa forme

je restais allongé dans mon lit, embourbé dans mes draps, et j'aspirais de grandes parts d'air tirées du drap housse : je sentais la jeune fille

L'ÉTRANGER QUI L'APPROCHE POURRAIT CROIRE QUE C'ÉTAIT UNE FILLE DE SILENCE

ET JE L'AVAIS CRU QUAND JE L'AVAIS RENCONTRÉE, MÊME SI J'ÉTAIS MOI AUSSI UN LIVRE BLANC

MAIS AUX DERNIERS JOURS QUE J'AVAIS PASSÉS AVEC ELLE, JE PRENAIS CONSCIENCE DE LA FACILITÉ QU'ELLE AVAIT À LA PAROLE ET À QUEL POINT CETTE PAROLE VENAIT COMBLER LES DIFFICULTÉS DE LA MIENNE

je sentais la jeune fille

ces moments que je vivais avec elle, il me semblait les revivre lorsque cette fois-ci j'expirais tout l'air dans le drap où j'avais enfoui mon visage

l'air chaud se répandait dans le drap et le drap lui-même devenait ardent et douillet

je posais alors ma joue contre cet endroit chaud, et j'aimais le sentir comme si je lisais une page

le monde, ou du moins le mien, tel que je le sentais, et tel que je le sentirai certes longtemps, était un royaume où les lectures se posaient les unes sur les autres, au point de se superposer et de n'exister que sur un lieu où d'autres lectures les avaient précédées et où d'autres les suivraient

c’était un monde où « la fin » n’avait une définition que très relative, voire inexacte, car les phrases se suivaient toutes seules, et elles ne se suivaient presque jamais comme l’auteur aurait voulu qu’elle le fasse, c’est-à-dire dans l’ordre établi par sa pensée, par l’ordre d’un sens, et par l’exigence de ce même sens

je sentais la jeune fille et j’échappais au sens

une phrase, voire un mot, en appelait inévitablement un autre, si bien que j’avais rapidement fait de me perdre et de conclure que le corps, comme la lecture, ne se dominait jamais

JE CARESSAIS LA JEUNE FILLE

MAIS MON GESTE S’IMPOSAIT DAVANTAGE QUE LE SIEN

C’ÉTAIT MOI QUI L’EMBRASSAIS ET QUI VENAIS M’ALLONGER SUR ELLE

JE CARESSAIS LA JEUNE FILLE

JE CHERCHAIS À RANIMER EN MOI D’AUTRES IMAGES, D’AUTRES SCÈNES, QUE J’AVAIS VÉCUES AVEC CHLOÉ

MAIS JE ME RÉPÉTAIS LES ANCIENNES INCESSAMMENT

C’ÉTAIT COMME LA SENSATION DE RELIRE LES MÊMES PHRASES

JE NE M’EN LASSAIS PAS MAIS ELLES N’ÉTAIENT PAS CE QUE JE CHERCHAIS

JE ME PERDAIS, MAIS LA PERTE, COMME L’ATTENTE, L’ABSENCE ET LA DÉCEPTION, SONT LES POINTS CARDINAUX DE LA LITTÉRATURE

je sentais la jeune fille

et il me semblait la lire, elle aussi, comme si je sentais les pages d’un livre en les faisant tourner juste au-dessous de mes narines

je la sentais et me laissais porter par ce qu’elle me donnait

je marchais dans un jardin au silence magnifique, dans un silence qui n’avait pas de nom et qui chaque fois répondait un peu plus pour ne pas en avoir

JE FONDAIS UNE ŒUVRE SUR DES GOÛTS QUI FUYAIENT SANS CESSE ET QUI REVENAIENT PAR SURPRISE

MES DOIGTS ET CEUX DE CHLOÉ APPARTENAIENT AU MÊME

ORDRE, NOUS LES SCELLIONS DE NOMBREUSES FOIS, LA PAUME DE LA MAIN ENDORMIE CONTRE LA SIENNE

j'entendais la jeune fille, et je concevais qu'il y avait quelque manifestation divine dans l'ouï, un don à avoir, et qui comptait parmi les plus beaux des dons

car l'ouïe ne se contentait jamais et poursuivait toujours

et pour la première fois de ma vie il me semblait vivre de ce monde

je me passionnais pour ces chants de la peau, lorsque je passais ma main le long de son dos

car il y avait un lieu intime sur Chloé, et elle-même ne le connaissait pas : c'était son dos

dans la chambre d'ombre, on n'entendait que ce bruit, un peu comme le frottement des feuilles de l'arbre, et c'étaient mes doigts

c'était un chant magnifique porté aux frontières du murmure, et je laissais ma main se désaltérer, avec tout mon corps, pour mieux cerner ce silence composé de phrases, de phrases qui lui appartenaient toujours, et qu'à jamais il scellait en lui

il y avait cette alliance avec l'effacement

mais la lecture me détournait de cet effacement, et souvent, en un instant, j'avais envie de croire que ce que je lisais se transformait en matière, un peu comme un corps de lecture, une femme écrite dans des pages écrivant, j'entendais plus le mot « page » que celui de « livre » ; mais c'était parce que je ne concevais plus tout à fait le livre comme un objet

c'était bien un corps et une voix que je voyais à sa place

le bonheur d'entendre son rire

l'effacement de son rire lorsque moi-même me mettait à rire

le non-entendu fondamental

cet écrasement du lointain

la distance saisie dans une fenêtre

l'essence attrapée dans la page

JE CARESSAIS SES DOIGTS APRÈS QUE JE LES EUSSE EFFLEURÉS ET JE CARESSAIS SA PEAU, LA PEAU SUR LAQUELLE VENAIENT SE POSER MES LÈVRES CHAUDES ET HUMIDES

j'arrête de me désirer ailleurs. Je serai ici et ne serai pas ailleurs. C'est *ma* maison. C'est Maubec et j'habite au-dessus des bois. Un jour, les

bois seront là depuis longtemps et encore personne ne s'y sera promené. »
elle me parlerait longtemps, je crois
et quand l'absence se mettra en face de moi, JE CARESSAIS LA JEUNE FILLE
« UN JOUR, DIRAIT-ELLE, JE T'APPELLERAIS ET JE TE DIRAIS QUE JE VOUDRAIS TE VOIR ; TU POURRAIS CROIRE QUE JE SERAIS AMOUREUSE, CETTE FOIS-CI, ET TU VIENDRAIS ; NOUS POURRIONS NOUS RETROUVER AU VILLAGE, JE NE SAIS PAS OÙ, DEVANT L'ÉGLISE PAR EXEMPLE, OU SUR LES REMPARTS ; JE PENSE QU'ON HÉSITERAIT À SE PARLER ; UN JOUR, NOUS NOUS RETROUVERONS DANS LE VILLAGE ; ET LE MONDE POURRA TOURNER SANS NOUS, PUISQUE NOUS NE SERONS PAS À LUI, SANS NOUS PUISQUE NOUS RIRONS, ET QUE RIRE C'EST S'OUBLIER ; SANS NOUS, PUISQUE TOI TU SERAS AVEC MOI, ET QUE MOI JE SERAI AVEC TOI »
j'entendais la jeune fille bouger, jusqu'au plissement de ses doigts, quand elle les refermait sur les miens
« UN JOUR JE T'ATTENDRAI DEPUIS LONGTEMPS »
« UN JOUR, MA LUXURE NE SERA QU'UN SOUVENIR ; SON SEUL AVANTAGE POUR MOI SERA QUE JE L'AURAI ÉCRIT ; CHLOÉ ?.... TU M'ENTENDS ? UN JOUR, LA LUXURE NE SERA QU'UN SOUVENIR, ET JE N'AURAI FAIT QUE L'ÉCRIRE ; MAIS JE NE LE REGRETTERAI PAS ; JE NE REGRETTERAI RIEN ; TA BEAUTÉ, LE TEMPS NE LA PRENDRA JAMAIS TOUT À FAIT, PARCE QUE JE T'AURAI AIMÉE JEUNE ; ET QUAND JE RELIS LES LIGNES QUE J'AI ÉCRITES SUR TOI, JE NE LIS PAS UN LIVRE,
<u>et moi, je restais dans une errance où il me semblait me tenir immobile, dans une espèce d'interstice qui m'interdirait tout et dans lequel je serais interdit à tous</u>
<u>et non sans contradiction, ces phrases que j'écrivais, il ne me semblait pas les écrire, car dans l'immédiat je ne faisais que les lire</u>
j'entendais la jeune fille
j'entendais Chloé se serrer contre moi, elle ne souriait pas
j'entendais le sentiment que des pages allaient s'ouvrir

un sentiment s'entend ; parfois, il ne s'éprouvait plus, car il avait déjà abandonné le corps et marchait précipitamment de l'autre côté de la salle, vers le langage
je contemplais les fenêtres pour leur absence de nom
un nom qui chutait lui valait l'admiration des mondes qui l'avaient fait tomber
et je crois, au nom de Chloé Wegmann, que tous ces mondes étaient ranimés, et qu'un nom était la seule valeur à rester insécable
son nom passait par ma bouche, comme un extrait que je lisais mais que je n'entendais pas tout le temps, ou alors que j'entendais avec la certitude de le faire lire à d'autres
j'entendais la jeune fille parce que je m'approchais d'elle
je ne disais plus tout à fait son nom car je l'entendais
le nom était la dernière porte qui me faisait m'approcher d'elle : la première écoute du corps
et ces instants avec elle étaient une déchirure dans le Temps : comme aucun autre je venais de naître
un homme qui écoute la nuit tient en lui sa naissance et sa mort
il garde sous ses pas cette terre qui l'a poussé et entend au-dessus de lui ces lectures qu'il a partagées avec ceux qui ont lu, un jour quelconque avant lui
il écrit des fragments de pages comme il écrirait sur sa peau
il s'échange, puis il rejoint le lieu de ses rêves : une fenêtre qu'il a nommée et par laquelle il passe pour disparaître
et je nommais Chloé Wegmann cette fenêtre
et par la suite, il me semblait avoir écrit toutes ces lignes que je lisais comme une œuvre dont je ne me serais jamais séparé et qui aurait vu le jour avant même ma propre naissance
je relisais ces phrases comme les ayant toujours portées, dans mon orgueil et dans ma prétention, dans la vanité que j'avais toujours attribuée aux autres mais qui, cette fois-ci, se présentait à moi seul
j'aimais Chloé, mais il me semblait ne pas la connaître
elle restait derrière ce mutisme que je n'étais parvenu à percer et elle y demeurait avec la certitude que la solitude la gardera jusqu'à la fin de sa vie
c'était un peu comme moi, la solitude, mais moi j'y restais avec l'œil du

monde sur l'ensemble de mes gestes, parce qu'écrivant je relatais ce que je vivais, et cette solitude se savait, se lisait même, et se confondait avec toutes mes espérances, tous mes désirs et, hélas, tous mes échecs

même écrite, la solitude reste toujours ce qu'elle est, et je l'apprenais dans ce royaume, avec ces valeurs retenues par l'Art et par l'apparence, parce que ce royaume avait ses propres mérites, comme la joie et le plaisir

les fenêtres sont des noms en mouvement

la nuit même n'arrivait pas à les figer

et les fenêtres portaient du sens aux heures

la jeune fille aussi restait ce nom que je ne pouvais prendre, ce portrait mouvant, et cela dès l'instant où j'avais décidé de le représenter

la littérature mentait, ici pour les êtres, ici pour l'heure qui fuyait, car j'entendais des dizaines de phrases pour une seule, que je n'étais même pas sûr de pouvoir garder

j'entendais la jeune fille mais je ne la garderai jamais auprès de moi

on ne gardait pas l'origine, on ne gardait pas la fenêtre ouverte, on ne gardait pas le sens, on ne gardait pas son corps

la contemplation avait ses phrases, et ne pouvant écrire il me suffisait de lever la tête pour reprendre mon discours

j'abandonnais ces phrases dans le livre, car elles perdaient leur senteur

mais à peine venais-je de quitter la page que les phrases, sous une autre forme, et pour cette raison imperceptibles, ralliaient leur sens à un tableau, à une rangée de livres dans la bibliothèque, à une fenêtre

mais trop évasives et trop indistinctes pour le langage, je regrettais de ne pouvoir les porter sur la page

je sentais seulement leur présence, elles étaient là mais je me heurtais à cette limite

elles étaient là et je me résignais à cette seule indication, au seul fait de savoir qu'elles étaient là et que je ne souriais à rien, seul dans cette grande pièce, seul dans ce château

j'avais acquis, plus qu'un royaume, l'existence d'un monde : je sentais la jeune fille

NON, MAIS JE REGARDE À TRAVERS UNE FENÊTRE : TU ES DE L'AUTRE CÔTÉ ; TOUS CEUX QUI TE CONNAISSENT TE REGARDENT, ET MÊME CEUX QUI NE TE CONNAISSENT PLUS,

CAR ILS T'ONT FORCÉMENT CONNUE UN JOUR, JEUNE FILLE

j'entendais la jeune fille, mais je ne la garderai pas auprès de moi
j'écrivais pour avoir et pour posséder
c'était vain mais je continuais de le faire
quand cette fenêtre était ouverte, à ma gauche, je l'entendais qui m'offrait sa voix
oh oui sa voix, comme celle de Chloé : la plus charmante
j'attendais à côté de cette fenêtre, toute la journée, et même une partie de la nuit
il y avait devant moi ces fragments de paysages que je parcourus un jour avec elle, une seule fois, comme un seul passage dans la vie, la solitude d'un monde qui s'était peut-être éteint mais que je considérais avec toute l'espérance d'y marcher encore
« un jour, nous marcherons depuis longtemps, mais l'on n'aura même pas assez marché ensemble »
le vide était devant moi
j'entendais Chloé me parler de sa meilleure amie
le vide restait devant moi
je voulais la serrer dans mes bras
la serrer, oui, la serrer
je la verrais, je lui demanderais de la serrer
je ne voudrais pas l'embrasser, mais je voudrais entendre son corps résonner dans le mien, entendre les battements de son corps, et j'entendrais le vent se fendre sur notre étreinte
j'entendais Chloé marcher dans la pièce d'à côté, mais ses pas s'arrêtaient au moment où je m'interrompais d'écrire et je me retrouvais encore dans le silence du château
je la verrais, je voudrais me serrer contre elle et la prendre dans mes bras, entendre le silence qui retomberait autour de nous, entendre la voix que dicterait l'attrait du corps
j'entendais la jeune fille ouvrir la fenêtre, au matin
j'entendais, non plus   au fond de moi, mais dans ma bouche, la voix qui me faisait dire qu'elle était belle
bien sûr, dans ma folie je me répétais ces phrases
mais dans ma folie seulement
je m'entendais périr et j'avais ignoré que j'allais mourir

mais c'était heureux que je le faisais, maintenant, dans cette disparition qui n'en était pas vraiment une, une mort au monde mais une naissance à l'œuvre, de l'autre côté du nom, déjà dans la lecture
la vie contemplative, obstinément, m'avait ramené à la nuit
ILS TE CROISÈRENT DANS UNE RUE OU ILS LURENT TON NOM ; ILS FURENT TES CAMARADES DE CLASSE OU DES VOISINS ; ILS FURENT TA FAMILLE OU DES AMIS À TES PARENTS ; PEUT-ÊTRE CES LETTRES N'ÉTAIENT-ELLES PAS TOUT À FAIT TON NOM, PEUT-ÊTRE N'ÉTAIENT-ELLES QUE DU BROUILLARD, ENCORE, MAIS ILS TE CONNAISSENT. CHLOÉ, TU ES BELLE. JE TE TROUVAIS DÉJÀ BELLE LORSQUE JE TE CARESSAIS. CE QUE J'AI VÉCU AVEC TOI, C'EST PLUS QUE DU VÉCU, CAR LA MÉMOIRE EST LÀ. CE N'EST PLUS DU VÉCU. »
« UN JOUR, JE T'AURAI CARESSÉE DEPUIS LONGTEMPS, ET TU AURAS À PEINE RELEVÉ TES YEUX VERS MOI »
elle ne finira jamais de me murmurer
je ne finirai jamais de « TE CARESSER ET NE PLUS TE CARESSER POUR APPRENDRE CE QU'EST LA VIE ET LA MORT » la regarder
je me levais à neuf heures, chaque matin, et une heure après je commençais à écrire, ou j'essayais du moins, m'arrêtant de « TE TOUCHER ET NE PLUS TE TOUCHER POUR COMPRENDRE CE QUE SIGNIFIE VIVRE ET MOURIR » le faire pour déjeuner et reprenant juste après jusqu'à la fin de l'après-midi
au bout de cinq jours, ce roman était bien commencé, mais je me heurtais à des montagnes qui jamais ne furent que des pages d'absence, parce que c'était ainsi que je cernais le mieux Chloé
chaque soir, la quantité de phrases diminuait et chaque soir je m'affolais un peu plus de ce qui allait en être du livre dans trois ou quatre semaines
ce cinquième soir après la nuit passée avec Chloé, je crois que ce fut le point le plus bas de la guerre : j'eus envie de tout déchirer, et cela pour la simple raison que je cherchais encore à lire alors qu'il faisait nuit depuis longtemps et que mon corps, qui de toute sa vie fut épris du sommeil, voulait dormir
j'allais me coucher
mais la nuit JE CARESSAIS LA JEUNE FILLE
« JE TE PRENDS LA MAIN, DIT LA PAIX, JE SUIS UN PEU

COMME LA PERSONNE DE CHLOÉ SUR LA TERRE. JE TE PRENDS LA MAIN ET JE TE TOUCHE. JE TE PRENDS LA MAIN ET JE TE TRAVERSE. SI TU ÉCRIS CELA UN JOUR, C'EST QUE JE T'AI TRAVERSÉ ; C'EST QUE J'AURAIS FAIT UN GESTE QUI SERAIT POUR TOI BIEN IMPORTANT, ET QUE TU ÉCRIRAIS PARCE QUE TU PENSERAIS BEAUCOUP À LUI. JE SUIS LA PAIX QUI NE T'A JAMAIS QUITTÉ. ET C'EST MOI QUE TU TROUVES DANS LE SILENCE. CHLOÉ T'A FAIT APPRENDRE DES LIGNES QU'ELLE AIME BEAUCOUP ET QU'ELLE TE RÉCITE LES MOMENTS OÙ LES MOTS LUI VIENNENT : *ALLEZ TRANQUILLEMENT PARMI LE VACARME ET*

je sentais la jeune fille

j'offrais du temps humain à ces heures qui n'en étaient pas

j'offrais du temps, et écrivant je le dispersais devant moi

mais j'avais aussi l'impression que l'œuvre ne finissait pas de devenir et qu'elle deviendrait encore, tant qu'elle ne serait pas détruite, qu'elle deviendrait et cela en dépit de ma mort, et même peut-être qu'elle deviendrait *surtout* grâce à ma mort

mais de le savoir je restais dans un bonheur qui était le mien, et cette joie même je crois que je pouvais la donner à Chloé

car je ne la méprisais pas, pas plus qu'elle ne me méprisait

et je l'aimais, mais certainement davantage qu'elle

je restais là, dans ce château perdu, mais je ne pouvais le faire sans sentir en moi ce besoin d'errer, de sentir ce parfum de l'errance, cette vraie senteur, qui me menait à la contemplation *LA HÂTE, ET SOUVENEZ-VOUS DE LA PAIX QUI PEUT EXISTER DANS LE SILENCE.* JE SUIS EN TOI, ET JE LE VOIS QUAND TU DESCENDS SEUL LE BOIS QUI MÈNE AU RUISSEAU QUI TE CONDUISIT À CE LIVRE. UNE FOIS, SOUVIENS-TOI, TU AVAIS MARCHÉ LE LONG DE CES CHAMPS AVEC ELLE. QUAND ON SE RETOURNE, ET QU'ON REGARDE EN HAUT DU CÔTEAU BOISÉ, LE CHÂTEAU QUI APPARAÎT AVEC SA TOUR COMME UN TEMPLE, COMME LE TEMPLE DE LA LITTÉRATURE DANS LEQUEL DES MILLIERS DE LIVRES ATTENDENT. JE SUIS LA PAIX QUI RÈGNE EN TOI, C'EST-À-DIRE UN DIALOGUE CONTINU QUI SE POURSUIT JUSQUE DANS TON SOMMEIL ; JE NE M'ARRÊTE PAS DE TE

SUIVRE ET TU N'ARRÊTES PAS DE M'AIMER. QUAND TU TE LÈVES, PARFOIS, LE SOLEIL SE LÈVE EN MÊME TEMPS QUE TOI, ET TU LE REGARDES DU HAUT DE TES ÉTAGES ; TU LE REGARDES PAR-DESSUS LE VILLAGE ; TU LE REGARDES PARMI LE VIDE IMMENSE QUI OCCUPE LE CHÂTEAU, UN PEU COMME LES SIÈCLES, AVEC LA BIBLIOTHÈQUE »

JE CARESSAIS LA JEUNE FILLE ; C'ÉTAIT DÉSORMAIS AU MOMENT OÙ JE SAISISSAIS UN LIVRE, N'IMPORTE QUEL LIVRE

« JE TE FAIS RÊVER, DIT CE LIVRE. REGARDE CE CHÂTEAU, IL EST LA CARTE DE TOUTES LES ŒUVRES, DE CES ŒUVRES FAITES DE SUIE ET DE CIRE, DE FEUILLES ET D'ÉCRITURES. QUAND TU TE PROMÈNES LA NUIT ET QUE TES PAS RÉSONNENT COMME DES COUPS PORTÉS DANS LA PIERRE, TON REGARD <u>je sentais la jeune fille</u>

<u>et cette contemplation, je l'avais sentie au besoin même d'écrire</u>

SILENCIEUX, LUI, SE PORTE JUSQU'AU CHÂTEAU QUI LE DOMINE. IL EST DEVENU UN VAISSEAU DE PIERRES. IL EST L'OMBRE PAR-DESSUS L'OMBRE, ET LA NUIT AURAIT BEAU DEVENIR TÉNÈBRES, ELLE NE COUVRIRAIT MÊME PAS SON OMBRE »

PARFOIS, LA LUNE SE FAISAIT SI BLANCHE ET SI LUISANTE QU'ELLE DONNAIT SA BLANCHEUR À TOUTE LA CAMPAGNE

JE ME METTAIS AUX FENÊTRES ET CARESSAIS DU BOUT DES DOIGTS LE REBORD DE PIERRE, USÉ ET GRIS, QUI FAISAIT FACE AU VIDE

REGRETTAIS-JE QUE CHLOÉ N'ÉTAIT PAS AVEC MOI

JE L'IGNORAIS AVEC TOUT LE RESTE

JE L'IGNORAIS AVEC LE RESTE QUI POURTANT, SI J'Y RÉFLÉCHISSAIS, N'ÉTAIT PAS LE SIMPLE RESTE DE CE QUE JE CROYAIS ÊTRE DES POUSSIÈRES, MAIS BIEN LE FONDEMENT DE TOUT : CHLOÉ ET MOI

DANS LE CHÂTEAU, J'ÉTEIGNAIS TOUTES LES LUMIÈRES MAIS CE VIDE AUX PIÈCES IMMENSES ÉTAIT SI BEAU QUE JE NE POUVAIS DORMIR

UN INSTANT, VENAIT À MOI L'IDÉE DE RESTER ÉVEILLÉ

TOUTE LA NUIT la contemplation m'avait donné un livre, et Chloé m'avait donné cette contemplation
dans le silence, j'avais beaucoup appris
dans la solitude, j'avais lu
UN AUTRE INSTANT, CELUI QUI SUIVAIT, M'AVAIT CONVAINCU QUE JE POUVAIS RÉFLÉCHIR TOUT EN RESTANT ALLONGÉ
UN AUTRE INSTANT ENCORE, ET JE DORMAIS DÉJÀ
LA NUIT ACCOMPLIT POUR MOI L'IMAGE D'UNE FEMME
JE CARESSAIS LA JEUNE FILLE
JE LA CARESSERAI DÉSORMAIS DANS MES RÊVES
pouvait se faire douce, comme je l'avais vécu il y a peu de temps, et cruelle d'un autre, si bien que mes paupières, définitivement closes, s'alliaient dans un parfait accord avec ces phrases se décomposaient, elles tombaient dans la nuit, comme des écritures noyées dans les cendres, et lentement je les lisais sur ces murs où les failles doublaient l'architecture et la forme mon corps, si fort que moi-même consentait au rouage déjà accompli par ma volonté : je m'endormais
j'aurais voulu être tranquille à cet instant-là, à ce point précis où je ne me serais retrouvé le lendemain
mais non, je n'allais pas être tranquille, pas plus que j'allais m'endormir, car l'écriture en jugeait autrement : c'était à cet instant qu'elle devait dresser devant moi toutes ces phrases du roman que je n'avais eues aux heures du jour
et là, assoupi, j'en avais encore pour une heure de travail
« Écrire un roman sur moi, dirait Chloé, si tu veux, mais qu'est-ce que je fais de moi, dis-moi ? »
« Vous ne faites rien de vous, vous n'êtes pas là. Je vous ai imaginée plus que je vous ai vu. Je vous ai écrit plus que je vous ai touchée. Vous aimez lire et fuir, ce sont deux choses qui appartiennent à l'absence. Vous êtes seule et pourtant heureuse. Vous êtes douce et pourtant inconnue. »
écrire n'avait aucun lien avec des heures, mais en levant la tête je prenais de plus en plus conscience que ce que j'écrivais n'allait plus dans la page, mais dans le château
et ces fragments, s'ils n'existaient pas en texte, deviendraient des murs,

des passages à travers les murs ou, pour le plus beau des cas, des fenêtres ouvertes et des vues

parfois, souvent même, j'aspirais à ce que ces pages le deviennent et

écrire l'absence encore moins : c'était la totalité du temps qu'il fallait prendre

serais-je réveillé à quatre heures du matin par une phrase, il faudrait que j'allume la lumière et saisisse mon crayon, car les phrases revenaient rarement le matin, et les ombres qu'elles furent se feront écrasées par le jour

là, je touchais mon but : je parlais de Chloé Wegmann, et la jeune fille aussi disparaissait avec le jour

parfois je me demandais si je n'avais rêvée cette nymphe, quand elle était au bord du ruisseau et que je la contemplais, ou bien dans ces draps que j'avais partagés avec elle, sorti du lit à même l'après-midi, et dont l'idée de commencer le roman, dès le soir, ne se serait pas faite attendre

je regardais dans un monde où le silence règnerait, dans un monde où l'absence se ferait parole, dans un monde où l'éloignement serait le cœur, dans ce monde je vivrai la jeune fille, et elle me regardait aussi

nous avions chaud et je me serais enlevé de son corps pour quelques instants m'appuyer contre les bordures du lit, froides sur la peau

le silence

« Chloé, l'amour n'existe pas. C'est comme la contemplation, elle n'existe pas pour nous et nous ne faisons que saisir ses éclats. Mais la passion existe, vous pouvez me croire : c'est le geste et la pensée impétueux de l'être vers ce qu'il désire. C'est ce qui lui est propre. Moi c'est bien souvent ce que j'éprouve pour vous. »

je regardais la jeune fille

j'entendais la jeune fille

le bruit des draps emplissait la chambre d'ombre

quand j'écrivais

elle était sur moi à me sourire, mais sur mon corps elle restait toujours loin

car il y a quelque chose ailleurs que sur les corps, quelque chose d'ailleurs, qui les maintient et que l'écrasement des peaux ne peut chasser

on a beau s'appuyer l'un sur l'autre, s'étreindre et se toucher, il y a cette barrière qui fait que nous sommes toujours séparés, cette absence que le désir nous oblige à combler, et qui n'a de fin, et qui n'a que solitude

et au moment où j'ai pensé qu'elle était le plus près de moi, Chloé s'endormit entre mes bras

nous étions dehors et quelques minutes elle avait dormi au-dessous de moi

le village était tranquille et la campagne nocturne était calme et radieuse, un début d'été

elle était près de moi parce qu'elle n'avait plus conscience d'être, et pour cette raison l'idée en elle de me repousser un peu s'était éteinte en même temps

quand elle devait se réveiller, je l'embrassai, et j'étais maître d'un monde qu'elle n'avait ouvert à personne avant moi

par la contemplation seule je regardais ce qu'il me restait à faire et ce que j'avais fait

j'étais ce qu'un autre ne pourra voir à ma place et j'étais ce que nul autre ne pourra éprouver

mais Chloé était dans cet univers que j'avais façonné et regardé, de sorte que mon devenir dépendait étroitement du sien, et ce sort, comme je lui avais dit, appartenait à l'« écrire »

j'écrivais pour chercher ces formes de la disparition

« Je suis fragment, dit l'Absence, vous ne me lirez pas dans la page suivante, ni dans celle qui suit encore. Cherchez-moi. Cherchez le sens. Vous lisez la Vue. Vous lisez le Toucher. Vous lisez l'ouïe. Vous lisez l'odorat. Vous lisez le goût. C'est le moment, vous venez de me lire, mais regardez maintenant l'objet que vous aviez entre vos mains : il n'y est plus. Lire n'est pas un luxe, c'est seulement un regard porté par la volonté de voir. Enlevez cette volonté et vous êtes tout le temps en train de lire. Regardez ce village et vous le lirez. Regardez ce château et vous le lirez aussi »

je regardais la jeune fille, c'était les lettres de son nom que je recomposais et que j'utilisais pour créer d'autres mots : noce, éloge, l'âme, némo ("personne", en latin), lance (qui perce le corps), l'écho, lac, l'âge, l'ange

je regardais la jeune fille, et je voyais que Chloé n'était pas seulement ce que je croyais qu'elle fût mais surtout une manière par laquelle JE

CARESSAIS LA JEUNE FILLE
JE CARESSAIS CES PHRASES QUI ME PORTAIENT À CHLOÉ
JE CARESSAIS CES DRAPS QUI LIBÉRAIENT LA PLACE QU'ELLE N'OCCUPAIT PLUS
QUAND J'ÉCRIVAIS, QUELQUEFOIS, MES MAINS ALLAIENT JUSQU'À PRENDRE LE TÉLÉPHONE QUE JE LAISSAIS TOUJOURS NON LOIN DE MOI, DANS L'ESPOIR INVINCIBLE QUE CHLOÉ M'APPELLE
MAIS, COMME SI CET OBJET ÉTAIT MA PROPRE VOIX, IL NE DISAIT RIEN ET NE SEMBLAIT EXISTER QU'EN GARDIEN DE SILENCE, COMME CES TABLEAUX DE NUIT QUI AU LIEU DE RAMENER DES VOIX DANS LES PAROIS QU'ILS DÉTENAIENT AGRANDISSAIENT LE SILENCE ET L'AMENAIENT JUSQU'À L'UNIVERSEL
JE CARESSAIS LA JEUNE FILLE
JE VOUDRAIS LE REFAIRE
MAIS QUAND J'ÉCRIVAIS, ET PUISQUE JE CONSIDÉRAIS LA DÉCEPTION COMME LA PORTE DE LA LITTÉRATURE, JE NE ME SENTAIS PAS TOUT À FAIT DÉÇU DE NE PLUS POUVOIR LE REFAIRE
JE M'ARRÊTAIS D'ÉCRIRE ET SCRUTAIS L'OMBRE DANS LAQUELLE SE TENAIT CET OBJET QUI POUVAIT ME DONNER SA VOIX ET SES RIRES
JE CARESSAIS LA JEUNE FILLE, IL Y A PLUSIEURS SEMAINES DÉJÀ
JE CARESSAIS LA JEUNE FILLE QUAND SA PEAU SURGISSAIT DE L'OMBRE
JE CARESSAIS LA JEUNE FILLE, ET SA PEAU MOITE, ET SES CHEVEUX ÉPARS SUR LE MATELAS, ET SA MAIN QUI SE REFERMAIT SUR LA MIENNE LORSQUE JE LA POSAIS CONTRE SA PAUME, COMME CES PLANTES CARNIVORES QUI SE NOURRISSAIENT D'INSECTES
JE CARESSAIS LA JEUNE FILLE, NOUS ÉTIONS DANS UNE VIEILLE MAISON
LES POUTRES S'ALIGNAIENT AU-DESSUS DE NOUS COMME DES RAILS CONDAMNÉS ET JETÉS LE LONG D'UNE VOIE

je sentais la jeune fille et ses cheveux
c'était si simple, et pourtant, je ne l'avais fait qu'une seule fois, comme si une seule fois il m'avait été donné de monter au sommet de la montagne la plus haute, par-dessus la nuit
LA NUIT A ACHEVÉ EN MOI LA NUIT
CAR LA VIEILLE NUIT QUE JE VIVAIS NE REVIENDRA PLUS, ET ELLE, NOUVELLE ET CHAUDE, L'AVAIT ACHEVÉE COMME UN FILS TUERAIT SON PÈRE
JE CARESSAIS LA JEUNE FILLE : VOILÀ LA NOUVELLE NUIT
VOILÀ LES NUITS QUE JE CONSIDÉRAIS COMME LES NOUVELLES
CES NUITS ÉTAIENT DEVENUES DES CARESSES
MAIS À VRAI DIRE J'AVAIS OUBLIÉ QUELLES EN ÉTAIENT LES ANCIENNES
CHLOÉ ÉTAIT LA CARESSE QUI NE ME QUITTAIT PAS ET L'EFFLEUREMENT DE MES MAINS SUR LES SIENNES ÉTAIT LE SYMBOLE DE LA FUITE
L'EFFLEUREMENT, CETTE CARESSE QUI N'ÉTAIT PLUS RIEN EN FACE DU MONDE, SIGNIFIAIT TOUTE LA PROFONDEUR DE L'ABSENCE QUI ME LIAIT À CHLOÉ
CAR À PEINE VENAIS-JE DE PENSER À ELLE QUE CHLOÉ N'ÉTAIT PLUS EN FACE DE MOI
JE NE PENSAIS PAS LORSQUE J'ÉTAIS AVEC ELLE, MON SEUL LANGAGE ÉTAIT DEVENU CELUI DU GESTE
je me présentais aux êtres et à leurs regards JE CARESSAIS LA JEUNE FILLE c'était en eux que j'étais jugé et c'était par Chloé qu'ils s'attribuaient une image de moi, juste ou fausse, je ne sais
mais en regardant la jeune fille, tous ces êtres n'étaient même pas un détail de ce que je voyais, parce qu'en face d'eux je restais silencieux
c'était mon impuissance et ma faiblesse
ainsi, je regardais la jeune fille et j'étais faible : déjà, j'étais retourné à l'état de nuit, et JE CARESSAIS LA JEUNE FILLE
BIEN QU'ELLE NE FÛT PAS À L'AUTRE BOUT DU MONDE, J'AVAIS L'IMPRESSION QU'ELLE L'ÉTAIT, MAIS ELLE N'ÉTAIT GUÈRE QU'À QUELQUES HEURES DE LÀ, PAS PLUS, ET PAS PLUS QU'ELLE DEMEURAIT EN LOMAGNE, NON LOIN DE MA

VILLE, L'ANCIENNE BASTIDE, QUE J'AVAIS QUITTÉE POUR PASSER L'ÉTÉ DANS CE CHÂTEAU GASCON

je sentais la jeune fille

sentir la vie devant soi

mais, étrangement, la contemplation que j'aimais m'emplissait l'instant même où je l'avais, et j'oubliais cette vie devant moi

je vivais l'instant

« un jour, tu seras belle depuis longtemps, et personne ne te l'aura dit »

« personne ne te l'auras dit, mais je sais que nombreux l'ont pensé. Tu ne sais pas qui, mais moi je le sais. Enfin, ce ne sont pas tes amies qui me l'ont appris, je l'ai appris tout seul. Un jour, tu seras belle depuis bien longtemps, mais comme ta beauté est discrète tu ne t'en seras même pas aperçu. Peut-être que c'est ça, la vraie beauté : ne pas se rendre compte qu'on est belle. »

« Dans chaque phrase que j'écrirai, j'écrirai comme tu es belle ; et aurais-je beau ne pas parler de toi, la phrase parlerait d'elle-même et en reviendrait à toi. Tu étais à sa source, je m'en souviens et je m'en souviendrai. »

la source que j'avais sentie, et dont j'avais senti avec Chloé la fraîcheur, c'était ce murmure qui ne cessait de se poursuivre et de se débattre avec l'instant

à l'endroit où était Chloé, cette partie accueillait la lumière

après, quand le ruisseau continuait le long des minuscules escaliers, quelques pierres pour être précis, l'ombre venait et couvrait les eaux qui suivaient leur chemin

au moment où j'avais eu envie d'écrire ce livre, et que je sentais l'odeur des champs, j'étais à cet endroit tout recouvert d'ombre, assis sur l'énorme racine

la jeune fille et moi nous parlions même pas, délaissé, chacun, dans ses rêveries et dans ses regrets, ou bien peut-être entre les deux

je sentais la jeune fille

« un jour, tu te parfumeras depuis longtemps, et je ne t'aurai même pas assez approchée »

je ne sais pourquoi elle sentait la nuit

je faisais glisser mon pied le long de sa jambe

l'herbe du jardin était courte

le village restait dans le bruit des chouettes et d'autres animaux que je ne reconnaissais pas
ses cheveux, cette nuit-là, étaient courts ; mais longtemps elle les avait gardés très longs, et je les avais préférés jadis
la pierre originelle du château et des siècles était grise
la pierre récemment ajoutée aux failles du château était blanche
le gris dominait
la faille régnait
des portes entières, aux deux étages, débouchaient sur le vide : c'étaient d'anciennes passerelles qui jadis liaient le château à un bâtiment en bois dans l'actuel jardin, et cette bâtisse aujourd'hui n'existait plus
le sous-sol du château sentait la poussière : c'était en réalité l'ancienne cave
les œuvres d'art étaient immenses, et l'une mesurait plus de dix mètres
JE CARESSAIS LA JEUNE FILLE, ET JE L'AVAIS CARESSÉE DANS LE DOS LORSQU'ON SE SERRAIT AU BORD DU RUISSEAU, ET QUE LES LIBELLULES VERTES ET BLEUES VENAIENT SE POSER TOUT AUTOUR DE NOUS
LA LUMIÈRE QUI NOUS TENAIT ÉTAIT BELLE
MAINTENANT, JE MARCHAIS DANS LA NUIT, ET LES ÉTOILES QUI SE PERDAIENT AU-DESSUS DE MOI ÉTAIENT LE REFLET D'UNE FEMME POUR LAQUELLE JE SOURIAIS
NE SERAIT-ELLE PLUS LÀ, LA BELLE *CAVALLERIA RUSTICANA* SERAIT LÀ POUR MOI, ET LE CHEMIN QUE JE PRENDRAIS SERAIT CELUI DE L'ART MUSICAL, LE MÊME, RIGOUREUSEMENT LE MÊME, LORSQUE JE SENTIRAIS DES INSTANTS ENTIERS AVEC FIERTÉ, NON SEULEMENT MA PASSION POUR CHLOÉ, MAIS AUSSI LA SIENNE, QU'ELLE AVAIT EUE POUR MOI
ET JE POURRAIS EN TOUTE LÉGITIMITÉ ÉPROUVER DU BONHEUR, LE BONHEUR D'AVOIR ATTEINT CE QUE D'AUTRES ALLAIENT IGNORER TOUTE LEUR VIE, LE DÉSIR PAR L'ÉCRITURE, LA QUÊTE ET LA DÉCOUVERTE QUE MA VOLONTÉ AVAIT VOULU AVOIR DURANT DES HEURES ENTIÈRES, DES MORCEAUX DE TEMPS ENTIERS À NE PLUS SENTIR L'HEURE-MÊME

J'AVAIS ACQUIS L'EXISTENCE DU ROYAUME DE L'ÉCRITURE, ET VIVANT DANS CE ROYAUME JE M'ÉTAIS APERCU, AVEC PEUT-ÊTRE UN PEU DE SURPRISE, QUE JE N'AVAIS PLUS BESOIN DE CE MONDE QUI ME SUIVAIT DEPUIS MAINTENANT QUELQUES ANNÉES ET QUE DORÉNAVANT LE PLUS SAGE SERAIT DE NE PLUS LE REJOINDRE

JE CARESSAIS LA JEUNE, FILLE ET CELA N'AVAIT ÉTÉ QU'ELLE ET MOI

JE CARESSAIS LA JEUNE FILLE ET ELLE M'AVAIT REJOINT DANS CE ROYAUME

LE LANGAGE QUE JE CROYAIS SI PUISSANT VENAIT DE S'ÉTEINDRE SOUS L'OMBRE QUI ÉTAIT POURTANT LA MIENNE

C'ÉTAIT À L'INSTANT OÙ J'AVAIS COMMENCÉ À LAISSER MA MAIN ERRER

JE M'ÉTAIS DIT QUE PARLER DEVIENDRAIT INUTILE

ET C'ÉTAIT VRAI

je sentais la jeune fille

mon visage restait là à la sentir, ici pour être ici, pour me soumettre au lieu et y demeurer totalement passif, dans cette parenthèse où le temps ne voulait plus de nous et dans laquelle mourir devenait beau, comme un manque singulier

l'on ne meurt jamais assez

je restais sur elle mais je ne pensais pas

tout ce que j'écrivais était faux, parce que l'instant ne se portait pas et parce qu'il nous décevait toujours, quand il s'agissait de le nommer et de se persuader de le reconnaître

cette joie était joie illusoire et ce moment, déjà tardif, je voulais le sentir encore

c'était comme si, revenant au ruisseau, j'avais voulu toucher la même eau que celle que Chloé avait effleurée

je mourais car j'écrivais

je touchais à la vraie porte du réel

la lecture, je la trouvais devant moi

je la trouvais avec un pas en avant, avec un regard sur les bois, et lorsque j'écrivais je cherchais cette lecture même, et le livre n'avait pour moi aucune forme qui tînt

j'effaçais ce corps qui était le mien et je le rendais presque à un état de fossile, plus vieux que la lumière, parce qu'écrivant ce corps n'agissait plus sur ce qu'il se passait
le corps avait laissé ce point scintillant, la pensée peut-être, en la considérant dans l'oubli
je faisais de moi mon propre lecteur
universellement
et je regardais dehors
à travers les fenêtres, il y avait quelque chose qui touchait l'écriture, parce qu'il n'y avait rien, et l'espace dans la hauteur du château appartenait à des lignes plus fortes, ces lignes et courbes éloignées, dans l'étourdissement des coteaux
Chloé était quelque part, mais ce Quelque part personne ne le trouverait, et moi personne ne me trouverait,
la contemplation était le royaume, et c'était avec des mots que j'y entrais, et même lorsque j'y entrais avec leur ombre, le reflet de leur ombre, ou la trace du reflet de leur ombre, c'était par des phrases, comme si je m'allongeais sous un arbre
l'effet du temps ne m'était pas donné à voir, ni même à sentir
c'était une sorte d'accomplissement qui me baignait dans l'éparpillement et cet éclat, c'était à chaque phrase l'éloignement qui se creusait un peu plus, l'abyme de la lecture, l'ombre de pages qui se multipliaient
je sentais la jeune fille
ses cheveux étaient de l'eau, cette eau qu'elle prenait entre ses doigts, non pas au ruisseau mais là avec moi, au moment où j'étais contre elle cette eau coulait sur mes joues et venait se glisser aussi fine qu'elle était dans ma bouche
Chloé venait la prendre du bout des doigts, puis elle la remettait derrière sa tête : l'eau lui obéissait
LA LUMIÈRE QUI VENAIT SE BATTRE CONTRE LES MURS DU CHÂTEAU ÉTAIT BRÛLANTE
ET JE NE POUVAIS PAS FAIRE UN PAS À L'EXTÉRIEUR SANS QUE CELLE-CI M'ASSAILLE DE SA BOUCHE DÉPLOYÉE COMME CELLE D'UN MONSTRE
UN INSTANT SOUS SES RAYONS ET J'AVAIS L'IMPRESSION QU'ELLE ME PRENAIT TOUT LE CORPS

MAIS ELLE PRENAIT CE CORPS ET L'ÉCRASAIT TOUT CONTRE LUI, CONTRE SON PROPRE CORPS

JE RENTRAIS ALORS ET REVENAIS M'APPUYER CONTRE LES MURS, À REGARDER LES TABLEAUX COMME DES TISSUS NOCTURNES QUE LA NUIT NE SERAIT PARVENUE À RAMENER AVEC ELLE

LES TABLEAUX, FEUILLES PERFORÉES EN PAPIER QUE L'ARTISTE AVAIT BRÛLÉES, ÉTAIENT LES DERNIERS REPÈRES DE LA NUIT À TRAVERS LE JOUR, SES ULTIMES PHARES, ET QUE JE REGARDAIS EN MARCHANT DANS LES LONGUES PIÈCES SILENCIEUSES, EN CHERCHANT LA NUIT QUI M'AVAIT NAGUÈRE DONNÉE L'ÉCRITURE ET QUE JE TENTAIS DE REPRENDRE PARCE QUE JE L'AVAIS PERDUE

JE CARESSAIS LA JEUNE FILLE ET SANS CESSE JE FAISAIS LES MÊMES GESTES, COMME SI JE PEIGNAIS SUR SA PEAU, OU COMME SI JE REMUAIS DES ONDES

d'autres croyaient le nommer l'amour fou, je crois, je ne le nommerai jamais que passion : c'était mon incompatibilité avec les foules car il n'y avait en elles aucun dévouement à la révolte

<u>je sentais la jeune fille</u>

<u>je la voyais dans ces paysages que j'avais vus avec elle, et je l'y revoyais encore, avec la senteur des champs de Lomagne, avec ces silences que l'on a traversés ensemble</u>

elle était ma lectrice parce qu'en un seul instant, lorsque nous parlions, elle lisait ces moments de fuites et me les dictait calmement en restant avec moi

elle était vive et pourtant douce, absente à mes côtés

elle ne parlait jamais lorsque j'avais la parole et baissait souvent les yeux quand je lui tenais la main

elle trouvait ses mots et ne s'arrêtait pas de parler : je l'entendais

je prononçais son nom : Chloé

ma langue venait frapper à l'intérieur de ma bouche

c'était un bruit sec

c'était une pente

c'était un chant qui résonnait sur la dernière lettre

Chlo-é

Chlo-é est là-bas
Chlo-é n'est pas ici
ses goûts ne je ne savais pas ce qu'était laisser mon visage dans ses cheveux, et je ne savais pas ce qu'était respirer l'air puisé dans ses cheveux même
je ne savais pas que ce qui était vécu a été perdu pour toujours et je ne savais pas que vivre c'était perdre sans cesse
je ne savais pas ce qu'était sentir un être et je ne savais pas ce qu'était un être
je ne savais pas que je ne savais plus
je ne savais pas ce qu'était l'heure
semblaient obéir qu'à cet enchaînement d'ailleurs et de solitude
l'absence fut la grande passion de Chloé
l'invitait-on, le refus était sa réponse en même temps que sa conséquence
la jeune fille n'appartenait pas à ceux qu'elle avait connus, et ceux qu'elle avait connus un jour n'étaient pour elle que des images
elle avait été désirée, car de jeunes hommes l'avaient désirée avant moi
mais ce n'était pas un choix pour elle, car tout lui semblait univoque, dans une seule et même direction qui s'imposait à elle dans un sens de logique, comme un cercle qu'elle suivrait : elle répondait « non »
et cela ne produisait aucun éveil quant à la beauté qu'elle portait et montrait sans peut-être s'en rendre compte
bien que jamais Chloé ne prétendait à la modestie, elle gardait en elle ce silence qui la séparait du reste, c'est-à-dire de la présence
c'était une enclave que cette fenêtre
Chloé s'appuyait juste au bord et elle regardait dehors ce qu'elle n'avait pas fait, c'est-à-dire ces paysages, *toutes* ces formes de paysages : fêtes, repas, sorties, bavardages, rencontres, boîtes de nuit, présences, que sais-je, ces mains de jeunes hommes aussi, ces projets de couple et ces tentatives de couple
je gardais cette image dans ma mémoire
mais il y avait une impossibilité dans le doute
cette impossibilité, c'était le fait même que revêtait le doute face aux évènements devenus irréalisables : c'était l'être
regarder ces œuvres, c'était prendre conscience de l'impossibilité de les interpréter jusqu'au bout

regarder ces paysages, c'était prendre conscience de l'impossibilité de les lire
regarder cette femme, c'était prendre conscience de l'impossibilité de la comprendre
il y avait dans la jeune fille cette essence de ce qui n'avait pas eu lieu, parce qu'elle n'avait pas été là lorsqu'on l'avait priée de venir
les choses *autres* la préoccupait, mais les choses qui justement se faisaient oublier des autres, un texte ou une promenade à la campagne, le silence ou sa maison à Maubec
son rapport à l'absence ne partait ni ne s'effaçait, car il l'habitait en permanence, c'était la fin qu'elle avait en elle, sa pensée, son idée, son style et sa phrase
l'absence était sa promesse, bien que très peu l'entendirent promettre
et je ne savais pas ce qu'était le corps
je ne savais pas ce qu'était sentir une jeune fille, mais je savais *qui* était cette jeune fille
je ne savais pas qui était Chloé, et pourtant je me sentais l'aimer par ces moyens qui me liaient au monde, et par ces moyens qui m'amenaient à regarder par la fenêtre, à vouloir et à avoir
l'idéal toujours, c'étaient les fenêtres, ces passages qui s'ouvraient et se lisaient à toutes les heures, c'étaient ces pages qui rendaient compte de l'état du monde et qui le traduisaient par la lecture
mais je pouvais mourir tant que la chose restait belle
je pouvais mourir et je n'en n'aurai aucun regret
je pouvais mourir, et cette représentation à disparaître pour une œuvre comptait parmi les plus belles que j'avais comptées, et parmi les plus folles bien sûr
j'avais le regret de l'ombre
je croyais voir, dans le regard que j'avais, un fil singulier et universel à la fois
ce serait comme croire que ce regard ne m'appartenait pas
ce regard ne m'appartiendrait jamais, et la jeune fille aurait-elle beau se tenir devant moi, tout le temps qu'elle voudrait, les autres, les autres d'à côté la verraient plus longtemps que moi, parce que je serais oublié, mais elle ne le serait pas
car elle partira un jour, et je ne l'aurais même pas assez regardée

je regardais la jeune fille
elle se promenait dans un champ de pailles avec moi, le soleil se couchait et elle me tenait la main
en un instant je sentais la jeune fille même si je me rendais compte que sa senteur avait disparu
ainsi, peut-être n'avait-elle jamais vu le jour, et je serais le seul à en avoir eu ce mirage, comme une porte que l'on aurait toujours cru voir à travers ce mur et qui en réalité n'existait pas
le Temps avait juste refermé son corps derrière elle, derrière cette porte qui ne s'ouvrait plus et qui ne lui répondait plus, derrière ce feu qui n'était plus que cendres
lentement, comme si moi aussi avais appris à refermer la porte derrière moi : j'ai écrit
mais l'exaltation de Chloé, peu à peu, passait de son corps à son nom
peu à peu, je devenais cette même consistance : j'abandonnais le corps et sentais derrière moi les parfums de la terre devenir des mots, poussant tout leur possible jusqu'à l'œuvre finale
cette œuvre, je m'y consacrais chaque jour
et chaque jour le nom, en moi, devenait plus nom qu'il ne l'était, plus temps que le temps, plus geste et plus matière
je le poursuivais dans ce royaume qui n'était pas le mien, et jusqu'à ce que mon corps me rappelle à lui, c'est-à-dire jusqu'à son potentiel organique, le sommeil et la faim
je sentais la jeune fille
et j'étais sûr d'avoir senti une douceur chaude sur sa peau, comme ces matins d'hiver où l'air sorti de la bouche venait quelques secondes se lire en buée sur la vitre des fenêtres
je l'espérais dans cette image, mais sa peau restait toujours chaude, et plus chaude encore lorsque je posais ma peau sur la sienne : c'était une espérance que de la sentir
il y avait dans sentir une contemplation qui ne finissait pas, un peu comme de la matière, un baiser qui s'enroulait comme un vent, et qui s'enroulait nourri de ses précédentes lectures, proches déjà, car revécues à nouveau sur l'instant, je la sentais par la résolution, non pas à vouloir la comprendre, mais presque à me contenter de la vivre
pour moi cela définissait presque mon attente de la lecture je la voyais

par-dessus toutes les foules
elle était un nom que j'avais choisi et un visage que j'avais pu embrasser
JE CARESSAIS LA JEUNE FILLE :
« ET SI JE TE TENAIS PRISONNIÈRE, TU CHERCHERAIS À T'ENFUIR ? »
« ÇA OUI, JE CHERCHERAIS À M'ENFUIR ! MAIS JE CROIS QUE PRIS DE PITIÉ TU ME LAISSERAIS PARTIR AVANT… »
« ÇA, C'EST CE QUE TU CROIS, MA CHÈRE, MAIS TU NE POURRAIS QUE LE CROIRE ET L'ESPÉRER, C'EST TOUT ! »
« FRANCHEMENT, JE CROIS QUE TU NE LE FERAIS PAS. DIS-LE, TU SOURIS DÉJÀ ! TU SERAIS UN TRÈS MAUVAIS GARDIEN DE JEUNES FILLES, CE N'EST PAS TON GENRE, MAIS ALORS PAS DU TOUT, JE CROIS ! »
« BON, JE RECONNAIS QUE JE TE LAISSERAIS PARTIR, C'EST VRAI. MAIS EN DISANT QUE CE N'EST PAS MON GENRE, JE PENSE QUE TU IGNORES CE QU'EST *MON GENRE*, COMME TU DIS, PARCE QUE JE SUIS UN COMÉDIEN, FIGURE-TOI, ET JE SERAIS FAIRE PAS MAL DE CHOSE. »
« QUOI PAR EXEMPLE ? »
« JE SERAIS ÊTRE TOI. CELA ME SERAIT TRÈS FACILE D'AILLEURS. ÊTRE TOI, C'EST UN PEU COMME LIRE : TOUT SE PASSE À L'INTÉRIEUR, ET L'ON NE SAIT JAMAIS CE QUI SE PASSE VRAIMENT AU DEHORS. »
JE CARESSAIS LA JEUNE FILLE
ELLE ÉTAIT LOIN ET POURTANT PROCHE
MAIS MON SOUHAIT LE PLUS LISIBLE DE VÉRITÉ, CRUEL OU PEUT-ÊTRE BON, AURAIT ÉTÉ DE SAVOIR SI CHLOÉ AVAIT LE MÊME DÉSIR QUE LE MIEN, C'EST-À-DIRE AU MOINS CELUI DE REFAIRE UNE NUIT ENSEMBLE, CELUI DE NOUS REVOIR ET DE NOUS SERRER L'UN DANS L'AUTRE
je sentais la jeune fille
dans le silence du château, souvent, j'éteignais la lumière et attendais que mes yeux s'habituassent à l'obscurité pour pouvoir distinguer les formes et les passages qui reliaient les salles
l'appel se trouvait dans ces passages où j'étais ni là ni ici, pas plus qu'ailleurs

je n'étais pas une forme de l'être, mais bien plutôt une prosopopée
l'évocation des mots, seulement, me rappelait à la mémoire, à toute la mémoire
et cette mémoire allait pour Chloé, car la jeune fille vivait, mais moi presque plus, car j'écrivais qu'elle vivait, mais de mon côté je ne le faisais guère
CHLOÉ SE DONNAIT LE PLUS SOUVENT À L'ABSENCE
CHLOÉ ÉTAIT ABSENTE ET ELLE LE SERA CERTAINEMENT LONGTEMPS ENCORE
J'ÉTAIS DANS UN ÉTAT PROVISOIRE LORSQUE JE METTAIS MON ESSENCE AU CENTRE DE L'ART, POUR LEQUEL J'ÉPROUVAIS UNE ATTIRANCE PASSIONNÉE QUAND IL S'AGISSAIT DE LES LIER À L'ÉCRITURE, C'EST-À-DIRE À LA CURIOSITÉ
MAIS DE LA SORTE MAINTENANT, JE NE POUVAIS PLUS ME CONTENTER DE L'ÉCRITURE
LE POINT ULTIME, JE L'AVAIS TROUVÉ : C'ÉTAIT LA VIE INTELLECTUELLE, ET DONC LA VIE CONTEMPLATIVE EN GÉNÉRAL
J'AVAIS ACQUIS L'EXISTENCE D'UN ROYAUME QUI FAISAIT LA VIE CALQUÉE SUR L'ART, GRAVÉE EN LUI
ET SI JE PRENAIS TANT DE TEMPS À ÉCRIRE ET À ÉCRIRE, SANS LE SOUCI DE ME MANIFESTER AU MONDE, C'ÉTAIT PARCE QUE JE LE FAISAIS DÉJÀ ABONDAMMENT DANS L'ÉCRITURE
je sentais la jeune fille
c'était sa présence ici-même
j'aurais voulu la voir apparaître par un passage, et ce passage, autant qu'il pouvait me donner le chemin de mes rêves, j'aurais voulu disparaître avec lui
le soir, aux derniers rayons du soleil, éteindre la lampe du bureau et descendre du château
descendre les domaines du château et entrer tout de suite dans le bois qu'il y avait juste à côté, sur le chemin de poussière passer à côté de la clairière, où de grands chênes gardaient l'entrée

descendre le chemin de terre qui menait au champ, puis aux champs, puis au chant
marcher le long des champs puis passer de l'autre côté du fossé, en marchant en équilibre sur la poutre
arriver non loin du ruisseau et voir sa silhouette accroupie au bord de l'eau, se lever et se retourner vers moi en souriant :
« je t'attendais, dirait-elle, je savais que tu travaillais encore et je ne voulais pas te déranger. J'ai lu et je me suis endormie à cause de la chaleur. Regarde, le ruisseau manque d'eau »
en regardant le ruisseau, Chloé se mettrait devant moi et je lui passerais mes bras autour de sa taille ; là, elle poserait ses mains contre les miennes et appuierait sa tête contre mon cou
« mais vous n'aviez pas besoin de m'attendre, Chloé, j'étais déjà avec vous. »
elle se retournerait et nos mains seraient jointes comme des pierres puis nous nous regarderions dans les yeux, jusqu'à nous approcher l'un de l'autre et jusqu'à ce que l'image disparaisse de ma vue
j'éteignais la lumière de ma chambre et me retrouvais dans l'obscurité
je fixais l'emplacement de la fenêtre et, peu à peu, la page se lisait comme un trou qui perçait la nuit
chaque instant qui tombait creusait cette tombe, ce recueil de moments délaissés qu'un homme avait tenus en lui jusqu'à ce que la passion lui fasse donner des noms
j'écrivais
je sentais la jeune fille
je lui donnais un nom
ces instants se contentaient de rester derrière, mais ils le restaient par le silence, si je pouvais nommer silence ce murmure, nocturne cette voix, senteur la jeune fille, si je pouvais nommer ce qui originellement était innommable
non, je ne le nommais pas, et Chloé non plus, parce que la jeune fille n'était pas là
je regardais la jeune fille, elle était loin de ce que j'avais traversé pour venir jusqu'à elle
et sans cette commune classe collégienne nous ne nous serions jamais vus ni connus

nous fîmes notre classe de troisième ensemble, la dernière année au collège Théodore Despeyrous, à Beaumont-de-Lomagne

après, j'étais sensé ne plus jamais la revoir : elle avait treize ans le mois où je la connus, et j'en avais quatorze

écrire ou non un roman sur Chloé Wegmann

de toute façon, ce livre ne serait pas vraiment sur elle, mais sur l'attrait qu'elle faisait naître en moi.

Chloé m'avait dit que la patience était l'un de ses points les plus forts, c'était vrai, et moi aussi je me le serais attribué ; mais écrivant JE CARESSAIS LA JEUNE FILLE

LA CARESSANT, JE ME DISAIS QUE J'AVAIS TOUCHÉ UN POINT OÙ IL M'ÉTAIT DEVENU IMPOSSIBLE D'ÉCRIRE ET DE SENTIR DES MOTS, UN POINT SUR LEQUEL JE M'EFFAÇAIS DE TOUT ET DE TOUS, UN POINT COMME UN POINT UNIQUE, ET DONT J'AVAIS IGNORÉ JUSQU'À CES JOURS-CI LA SI PARTICULIÈRE EXISTENCE

C'ÉTAIT TOUT À FAIT LA SITUATION D'UN ANGLE MORT

SI JE VOULAIS VOIR, IL FALLAIT QUE J'ANTICIPE OU BIEN QUE J'ATTENDE

CAR MÊME PENDANT MON SOMMEIL LES MOTS ME RANIMAIENT SANS QUE J'EUSSE EXPRIMÉ LE DÉSIR DE LES TROUVER

QUAND JE CARESSAIS CHLOÉ, TOUT CE QUE J'ÉTAIS ET TOUT CE QUE JE POUVAIS PENSER NE SE TROUVAIT QU'À CE POINT EXTRÊME, COMME AU BOUT DU MONDE, CE SIMPLE BOUT DE MES DOIGTS AVEC TOUTE LA CONCENTRATION QUE JE TROUVAIS SUR L'ESTHÉTIQUE DE MES GESTES

LA FEMME ÉTAIT CE MONDE ET JE NE POUVAIS PRENDRE À CE MONDE

TOUT CE QUE J'Y PRENAIS AGISSAIT EN DEUX MODES, COMME LE PASSÉ ET LE DEVENIR, ET JE REMARQUAI ASSEZ TÔT CE RAPPORT AVEC L'IMAGINATION ET LA MÉMOIRE

CE QUE JE FAISAIS À CE MOMENT MÊME, C'ÉTAIT ÉCRIRE

MAIS J'ÉCRIVAIS SEULEMENT PAR CES DEUX MODES, CAR À L'INSTANT MÊME OÙ JE CARESSAIS CHLOÉ JE NE PENSAIS RIEN, ET TOUTE L'ESSENCE DU LANGAGE QUE JE PENSAIS

je sentais la jeune fille
avec les courants d'air dans la nuit, les fenêtres tapaient un peu contre les murs
dans le lointain, les oiseaux de la nuit se promenaient, et moi j'errais entre ces murs, comme autant de couvertures, entre ces fenêtres comme autant de pages
mais ces phrases ne s'apprivoisaient pas, comme le temps ou comme le corps : nous ne sommes que des restes
il ne m'avait été donné que de les apercevoir
car la vie, comme celle d'un papillon, n'était restée qu'un jour
la Mort cueillait à perte de vue tout ce que le Temps lui donnait à prendre
mais moi je n'y étais plus, et je ne me laissais plus voir
j'écrivais pour me dessaisir, et je me dessaisissais par l'absence totale de rivalité avec les autres
ou alors ces rivalités étaient passagères, et aussitôt je me replongeais dans l'ailleurs, y lisant et relisant jusqu'à l'effacement du corps
l'Absence, c'est lire un abandon que d'autres avaient choisi avant nous
la Mort me cernait déjà, comme si ce livre n'était qu'une installation de papier au milieu des orages, et il aura tôt fait de n'être qu'une voix muette que la lecture portera
mais ce sera une mort heureuse, comme je l'avais dit, dans la contemplation
ce jour-là justement, l'orage frappait au-dessus du château
ses forces entraient par les fenêtres et l'odeur de la pluie rendait fraîche le corps, et presque libéré de sa lourdeur de l'été : la Lomagne était un pays brûlant
et le texte devenait plus vide, tandis que je restais au bureau, à entendre la pluie qui se lamentait dehors
« Chloé, il faudrait qu'on se promène sous la pluie, un jour »
« pourquoi faire ? »
« Je viens de le dire, pour se promener sous la pluie »
« Oui, d'accord, mais pourquoi sous la pluie ? »
la question n'avait pas de réponse, pas plus qu'elle n'en cherchait à en avoir, mais lentement Chloé me comprendrait, et elle en aurait la volonté, presque la certitude, si je cheminais parmi les silences

« Oui, d'accord, un jour on se promènera sous la pluie »
je sentais la jeune fille et j'architecturais une œuvre, un peu comme un répertoire d'odeurs et de parfums, mais qui s'appliquerait de la sorte aux langages du geste et du désordre
je sentais la jeune fille
elle restait contre moi à ne plus me saisir, et je restais contre elle à ne plus la saisir
elle s'appuyait contre moi et je lisais, j'aurais voulu lire, je ne lisais pas
je m'appuyais contre elle mais la lecture inconsciente que j'avais d'elle ne revenait qu'au moment où j'avais décidé de l'écrire
sur le moment j'avais du mal à l'éprouver
je ne pouvais contempler qu'aux moments où les lectures remontaient, et lorsqu'elles remontaient vertueusement, avec toutes leurs richesses
je n'étais qu'un point et parfois une absence de point
j'étais là et pourtant je ne pouvais me considérer ainsi, car je sentais la jeune fille
POSSÉDER, TOUTE SA VÉRITÉ, ÉTAIT ABSENTE LORSQUE MES GESTES JOUAIENT DE LEUR POUVOIR
CES PHRASES N'ÉTAIENT QUE LA RÉMINISCENCE DE CE QUE J'AVAIS CRU VIVRE
ELLES N'ÉTAIENT QUE LA DIVAGATION DE CE QUE J'AVAIS PU PENSER ET LA FANTAISIE DE CE QUE J'AVAIS CRU TRAVERSER
MAIS CES PHRASES N'ÉTAIENT PAS VRAIES, PAS PLUS QU'ELLES N'ÉTAIENT FAUSSES, MAIS JE LES CONSIDÉRAIS COMME MES PLUS PROCHES ALLIÉES FACE À LA DURETÉ DU RÉEL ET LES ASSIMILAIS SANS LE MOINDRE DOUTE À LA VÉRITÉ QUE SERVAIENT DÉJÀ LES PHRASES PRÉCÉDENTES
cela j'allais me confronter à quelque chose de plus fort encore, parce que la 'simple'patience agissait dans son lien avec le monde extérieur à soi, et de cela je n'étais subitement plus sûr de sortir
j'allais agir sur moi et jouer avec le temps
et comme l'Absence ce n'était pas soumettre l'écriture à des heures et à un bureau, comme je crus le faire glorieusement au début, je me battais avec l'essence que j'étais
car écrire c'était bel et bien *ne pas être*

m'effacer le visage, m'effacer jusqu'au jour : j'avais peur durant des heures entières, j'avais peur de ne plus être capable de le faire
mais la contemplation revenait et je pouvais partir à nouveau : je crois qu'il me fallait attendre
et puisqu'il me fallait attendre la nuit : j'attendrai donc
« tu écris ? »
« non, je t'attendais »
Chloé entrerait par la porte de ma chambre et nous serions tous les deux dans la maison, seuls
elle s'assiérait au fond du lit,
je sentais la jeune fille
l'effet de la contemplation se sentait, et je l'avais senti avec elle
je remarchais dans ces livres que je n'avais jamais lus et que je n'avais fait que sentir
mais encore une fois je les sentais
c'était obstiné et presque fou
c'était bon et pourtant étrange
il ne suffisait plus de la page pour
j'avais embrassé la jeune fille
et je portais maintenant ce désir dans un livre qui m'avait rendu Chloé encore plus désirable, et toujours plus désirée par moi
me convaincre que j'étais en train d'écrire un livre, et même de le lire à fois, parce que je le sentais dans tout ce que sa voix me donnait, et dans ce qu'elle me donnait d'une jeune fille
par exemple, ce livre que j'écrivais, il me semblait déjà le construire tout en marchant, parce que la page ne révélait qu'un passage de ce qu'il me restait
car le texte, le vrai texte, dans ses dérivés qui se présentaient à moi, n'avait pas que cet accomplissement artistique, mais aussi ce bonheur humain
plus tard, j'allais me rendre compte que c'était la même chose et que les deux n'étaient que la confusion perpétuelle d'un même évènement vêtue normalement, avec son gilet de laine, et moi j'aurais le torse nu
« je suis extraite de la nuit par une fenêtre que tu choisis de regarder longtemps. Une voix serait la mienne et une personne la mienne aussi. Voudrais-tu me donner un nom, tu ne le pourrais. Je suis innommable. Tu

as mon souvenir JE CARESSAIS LA JEUNE FILLE ET L'ÉTÉ
RESTAIT POUR MOI MA SAISON FAVORITE
NÉANMOINS, J'AURAIS L'IMAGE DE CHLOÉ QUI TRAVERSAIT
LES CHAMPS MOISSONNÉS EN ME TENANT LA MAIN, SUR UN
SOLEIL COUCHANT
L'IMAGE DE CHLOÉ EN TRAIN DE TREMPER SA MAIN DANS
UN PETIT ESCALIER DU RUISSEAU, ET SON SOURIRE
L'IMAGE DE CHLOÉ REFLÉTÉE DANS LA FENÊTRE DE LA
TOUR DU CHÂTEAU
L'IMAGE DE CHLOÉ QUI SOMNOLAIT CONTRE LES DRAPS
FINS QUE NOUS PARTAGIONS
L'IMAGE DE CHLOÉ ALLONGÉE SUR LE MUR
L'IMAGE DE CHLOÉ EN TRAIN DE SE BLOTTIR CONTRE MOI
JE CARESSAIS LA JEUNE FILLE
ET PAR LE TOUCHER SEULEMENT IL ME SEMBLAIT
RECOMPOSER DES PHRASES QUE J'AVAIS TOUJOURS ÉCRITES
MAIS DONT JE N'AURAIS JAMAIS SAISI LE SENS SI JE N'AVAIS
CARESSÉE UN PEU DE LEUR MATIÈRE
JE CARESSAIS LA JEUNE FILLE ET CHAQUE PHRASE QUE
J'ÉCRIVAIS DE LA SORTE N'ÉTAIT JAMAIS LA MÊME ET ELLE
NE POUVAIT ÊTRE QU'UNE AUTRE, À CHAQUE FOIS PLUS
IMMENSE QUE LA PRÉCÉDENTE
C'ÉTAIT COMME UNE PROMENADE QUE JE FERAIS EN
CAMPAGNE, LA POUSSIÈRE N'ÉTAIT JAMAIS LA MÊME, NI SA
FORME LA MÊME
JE CARESSAIS LA JEUNE FILLE, ET À L'INSTANT DE LE FAIRE,
J'ENTRAIS DANS LE ROYAUME
pour une nuit. Ce sont des instants qui te raniment. Des instants de désirs ou de contemplation, mais plus de désirs, je crois. Tu voudrais que je sois ta femme mais tu sais que je ne le voudrais pas. Je suis ton égérie, si tu veux, ce sont tes livres. Tu as le souvenir de mon corps. Tu le regrettes souvent. Tu le regrettes mais tu ne devrais pas. Je ne le regrette pas et je ne le regretterai pas. Longtemps, tu as eu de moi le souvenir de ma main que tu n'avais osé gardée alors que je te l'accordais. De longs mois, tu en as eu le souvenir, mais que t'importe cette main maintenant, maintenant que ton corps a prit forme contre le mien. Tu voudrais écrire un roman

sur moi mais tu ne m'as jamais vraiment rencontrée. Tu voudrais lui donner mon nom mais personne ne m'a jamais nommée. Je sais, tu tiens beaucoup à moi, tu me l'as dit quand nous nous promenions, l'on se serrait dans les bras, même, mais je ne sais pas si je pourrai en faire autant. Je doute beaucoup et je douterai encore… »

« Ces phrases que tu mets entre guillemets, et que tu intègres au livre comme si je pouvais les dire, je ne te les ai jamais dites, tu le sais ; est-ce que tu rêves que je te les dise ? Non, je ne pense pas, sinon tu leur donnerais un sens plus favorable pour toi. Est-ce que JE CARESSAIS LA JEUNE FILLE

LA CARESSANT, JE COMPRENAIS CE QU'ELLE VOULAIT ME DIRE, CAR ELLE AUSSI FAISAIT GLISSER SES MAINS LE LONG DE MON VISAGE, ELLE AUSSI CHERCHAIT À FONDRE SA PEAU SUR LA MIENNE ET ELLE AUSSI AVAIT VOULU POSER SES LÈVRES EN FEU SUR LES MIENNES

MAIS JE NE SAISISSAIS PAS LES TRAITS DE SON VISAGE LORSQUE JE LA CARESSAIS, CAR JE FIXAIS UN POINT ALENTOUR

ET CE POINT ÉTAIT LA SEULE FUITE QUI ME RALLIAIT AU MONDE

AURAIS-JE FERMÉS LES YEUX QUE JE N'AURAIS ÉTÉ QU'UN SIMPLE ABANDON AU CORPS ET À LA MASSE, UN ÉVANOUISSEMENT NOMMÉ PAR LE RIGOUREUX DÉSIR D'ÊTRE AUPRÈS D'ELLE

JE CARESSAIS LA JEUNE FILLE ET AURAIS-JE FERMÉ MES PAUPIÈRES QUE JE ME SERAIS SENTI CHUTER DANS L'ABÎME DE MON PROPRE CORPS, DANS L'ABSENCE DE LA DERNIÈRE HEURE ET DE LA NUIT QUI PERSISTAIT

CAR IL FAISAIT JOUR DEPUIS LONGTEMPS LORSQUE NOUS PASSÂMES UN MATIN ENTIER À RESTER L'UN CONTRE L'AUTRE, À NOUS FASCINER DE VIVRE

JE CHERCHAIS DES MOTS POUR CRÉER DU SENS, MAIS CE QUE J'AVAIS VÉCU N'ÉTAIT PLUS TOUT À FAIT SAISISSABLE, NI TOUT À FAIT VISIBLE, PUISQUE MON REGARD N'AVAIT FAIT QU'ERRER LE LONG DU CORPS CHAUD ET IMMOBILE, PRESQUE ENDORMI

JE POUVAIS TOUCHER L'OMBRE QUI RESSORTAIT DE LA NUIT
C'ÉTAIT COMME M'APPROCHER, À CHAQUE FOIS UN PEU PLUS, DU DÉSIR QUE SUSCITAIT LA FEMME SUR L'HOMME, ET DE PRENDRE EN MOI TOUTE LA PASSION QUI ME PRÉOCCUPAIT
ET ÉCRIVANT JE CROIS QUE JE RANIMAIS CETTE PASSION, ET JE CROYAIS QUE CHLOÉ ALLAIT REVENIR ENTRE LES PAUMES DE MES MAINS
CHLOÉ, LA JEUNE FILLE DE L'ABSENCE, LA FILLE MÊME DE L'ABSENCE, LA JEUNE FILLE DES CAMPAGNES, QUI VIVAIT EN MOI LORSQUE QU'ÉCRIVANT IL M'ÉTAIT IMPOSSIBLE DE ME SÉPARER D'ELLE
ELLE ÉTAIT SUR LES MURS, ET ELLE ALLAIT DANS LES TABLEAUX ACCROCHÉS SUR CES MURS
ELLE ÉTAIT À CHAQUE ÉTAGE, OÙ QUE J'AILLE
JE LA VOYAIS SILENCIEUSE EN TRAIN DE REGARDER LES ŒUVRES
ELLE AVAIT UNE POSE RÉFLÉCHIE, UN PEU COMME CELLE D'UNE ENFANT QUI S'ENCHANTAIT, ET JE LA REGARDAIS À ELLE PARCE QUE J'AVAIS DÉJÀ VU CES PEINTURES DES MILLIERS DE FOIS
MAIS MAINTENANT, JE VOULAIS LES VOIR DANS LE REGARD DE CHLOÉ, DANS CETTE PUPILLE NOIRE
J'AVAIS DIT QU'UNE FEMME ÉTAIT POUR L'HOMME SON REPÈRE AU MONDE ; MAIS PLUS QUE SON REPÈRE C'ÉTAIT SON PROPRE SILENCE
PARFOIS L'HOMME ASSIS SE TAISAIT, ET IL REGARDAIT LA FEMME EN TRAIN DE MARCHER DEVANT LUI
JE SERAIS AU BUREAU EN TRAIN D'ÉCRIRE ET CHLOÉ SE PROMÈNERAIT, UN PEU VAGUEMENT, FACE À LA BIBLIOTHÈQUE
JE LA REGARDERAIS PAR LE SILENCE, PAR MON SILENCE, CAR LE SILENCE NE SERA PAS TOUJOURS LÀ À NOUS GARDER
JE POSERAIS MON POING GAUCHE SUR MA CUISSE ET APPUIERAIS MON COUDE DROIT CONTRE LE BUREAU ; MES

DOIGTS PINCERAIENT MON MENTON
JE ME SOUVIENDRAIS DU RUISSEAU, CAR C'ÉTAIT À CET ENDROIT QUE JE COMMENCAIS À LA REGARDER
JE CARESSAIS LA JEUNE FILLE
JE ME PENCHAIS À LA FENÊTRE QUI FAISAIT FACE AU JARDIN ET AU CENTRE DU VILLAGE
LA FLÈCHE DE L'ÉGLISE, PEU À PEU, DISPARAISSAIT DANS LE CRÉPUSCULE
J'ALLAIS DANS LE JARDIN À LA FRANCAISE QUAND J'AVAIS FINI DE TRAVAILLER À LA MOITIÉ DE LA NUIT, ET J'ALLAIS TOUCHER L'HERBE DRUE ET COURTE tu crois que je vais te les dire ? Non, je n'aurais jamais tes mots, ni toi les miens. Qu'est-ce que c'est ? »
« Chloé, j'aimerais que tu les lises, au moins pour te regarder lire » QUI ENTOURAIT LE CHÂTEAU »
« Ah, tu m'as tutoyée ! »
je regardais la jeune fille, mais il n'y avait plus que ces phrases, son nom, mon illusion de la voir l'instant d'après à travers le jour, de la voir simplement en train de marcher vers moi et de me dire : « Tu viens ? On va se promener. »
je souriais, car c'était elle et moi, seuls
je regardais la jeune fille
j'avais pris la voiture et j'étais revenu dans les bois de Maubec
je n'y avais marché qu'une seule fois, et c'était avec elle, une journée d'hiver
mais il avait fait si bon que l'on s'était dévêtu comme au printemps
je regardais la jeune fille
elle était toujours à quelques mètres de moi, devant, à écarter les branches qui barraient notre maigre chemin
elle était vive et regardait prudemment les épines et les brindilles qui s'accrochaient à nos manches
parfois, elle me tendait sa main en haut d'une butte et gardait mes doigts entre les siens pour que nous continuions à marcher ensemble
mais tout cela était terminé, car j'étais en été et il faisait chaud, en dépit des nuages ce jour-là, et j'étais seul, surtout
je regardais la jeune fille devant moi : c'était en imaginant sa présence

« Si je disparaissais, dirait-elle, tu me chercherais ? »
« Et comment ! Jusqu'à n'en plus revenir ! »
« À n'en plus revenir de quel endroit, si tu ne me trouves pas ?
« C'est vrai, je ne sais pas… mais à n'en plus revenir quand même. Un jour tu disparaîtras et je ne saurai même pas lequel de nous sera parti. »
j'allais marcher dans Maubec, ce petit village en Lomagne où elle avait grandi, ses remparts, son église fortifiée et ses étroites rues médiévales, toutes ces pierres, j'avais le sentiment qu'elles lui appartenaient et que Chloé seule les avait en elle, jusque dans sa mémoire, et que la jeune fille en vivant leur donnait une beauté et une grandeur qu'elles n'auraient pas sans elle
seraient-elles des ruines, j'aurais la même vue de leur silence
je regardais la jeune fille : j'étais déjà en train d'écrire
pensait-elle à moi
la réponse était peut-être oui, mais alors beaucoup moins que moi
je regardais la jeune fille : j'étais en elle et pourtant elle me manquait
et pourtant, je ne ferais pas l'effort de lui téléphoner, ce serait elle qui le ferait, « pour prendre des nouvelles »
« je t'ai manqué ? » lui dirais-je
« non… enfin… »
« pourtant, c'est toi qui m'appelles. Alors je t'ai manqué ?
« un petit peu… »
j'avais l'impression d'attendre ses phrases comme un oracle
parfois, j'avais envie de lui dire de faire des efforts, mais je me rendais compte que c'était la supplier, et supplier quelqu'un c'était être déçu de lui, car il fallait le pousser à comprendre
mais je l'aimais, et ce n'était pas à moi de lui dire ces phrases
aussi, pour mon bien et pour le bien qu'il y avait encore, parfois je répondais que je la comprenais : c'était avec un contre-cœur terrible
la plupart du temps je ne répondais rien
le silence est la plus dangereuse de mes réponses
la plupart du temps j'avançais d'autres phrases mais qui, pour une phrase de dite, m'en valait trois ou quatre qui s'opposaient à celle qui venait de naître
la plupart du temps, je me disais que Chloé ne sera jamais avec moi
« un jour, tu seras seule depuis longtemps, et personne n'aura été avec

toi »
je regardais la jeune fille
je regardais son visage fin, sa lèvre inférieure retirée dans un perpétuel sourire et son fondamental grain de beauté juste au-dessous de son œil gauche, qui était l'endroit que j'aimais embrasser le plus, ses oreilles quand elle faisait partir tous ses cheveux châtains à l'arrière
tout son corps fin et son cou dégagé, ou bien ses yeux marrons
je regardais la jeune fille
je l'imaginais sempiternellement à ma main
et ces couples que je voyais, dans la rue et même chez moi, dans les livres et dans des films, vivaient un amour débordant qui n'était pas le mien et qui ne le sera jamais.
fallait-il que je les plaigne ou que je les envie
fallait-il que je les maudisse ou que je les honore
Chloé ne savait rien d'elle, elle n'était qu'Absence
parfois, dans l'année, elle s'était écriée auprès de sa meilleure amie qu'elle m'aimait et qu'elle allait m'appeler
le lendemain, elle lui disait qu'elle avait oublié mais que, de toute façon, elle n'avait plus envie, et qu'elle ne le regrettait pas
je ne la connaîtrai jamais
mais une nuit avec elle, je ne l'oublierai pas, et elle non plus
je regardais la jeune fille se blottir contre moi, et je sentais sa peau nue, de ses pieds jusqu'à sa tête ;
nous passâmes cette nuit sans regret et elle était restée avec moi seul
elle me faisait concevoir des faits que j'avais cherchés depuis mon enfance, sans m'en donner une image véritable, Chloé était l'une d'entre elles, secrète et connue à la fois
JE CARESSAIS LA JEUNE FILLE
ET QUAND JE TOUCHAIS LA NUIT, JE FAISAIS CE MÊME GESTE
J'ÉLEVAIS ALORS MES DEUX MAINS VERS LA FORMIDABLE TOILE NOCTURNE ET JE LA CARESSAIS, COMME J'AVAIS CARESSÉES LES EAUX DU RUISSEAU, EN DÉLAISSANT MA MAIN PARMI LE FAIBLE COURANT, EN LAISSANT MES MAINS SE POSER SUR DES PAGES VIDES, LORSQU'EN UN INSTANT IL ME SEMBLAIT TOUCHER SA PEAU
j'y pensais et je fermais les yeux

un instant revenait de temps en temps, un instant où je sentais tout mon souffle prendre non pas l'air mais sa matière : sa solitude

je crois que sa douceur me ranimait, la renaissance de la vue à un instant passé, rangé dans le jadis et que je revivais incessamment, fermant les yeux, en abandonnant mon langage de l'autre côté de la fenêtre, préférant le signe, le geste, les traits du visage et la main

puis je me soulevais, émerveillé, je regardais à travers la fenêtre

j'avais embrassé la jeune fille

un jour, mon téléphone sonna non loin de moi :

c'était un jour attendu depuis des pages et des pages

c'était elle et c'était sa voix

nous nous retrouvâmes en face de l'église de Maubec et, après un tour dans le village, nous nous assîmes sur un banc qu'il y avait au-dessus des remparts

j'avais saisie dans son attitude une distance prise, une absence ajoutée à son absence, comme si elle s'était brutalement éloignée de ce qu'elle disait et comme si tout ce qu'elle disait lui importait peu ou pas du tout

et moi aussi, ce qu'elle me disait ne faisait que me traverser

et pour clore ces minutes trop longues je lui demandai de l'embrasser

elle hésita quelque peu, ne répondit presque pas, et nous nous embrassâmes

nous nous serrâmes, lèvres contre lèvres, plus longtemps que nous nous parlâmes

maintenant, nous allions rester amants

et depuis ce jour-là, elle était ma compagne

Chloé allait rester auprès de moi, tout le temps, non pas comme les cendres d'une défunte posées sur un meuble ou sur la cheminée, mais dans ma bibliothèque, en jeune fille heureuse et vive, dans un livre qui porterait son nom, comme elle l'avait été les jours où elle n'était encore qu'une amie, une jeune fille qui s'ouvrirait au monde et peut-être à moi, un jour, dans les lignes de l'absence que j'avais tant de fois écrites pour rester avec elle, entre les vides et les pleins, la mélancolie et la joie, l'espérance et la tristesse

il va sans dire que nous étions redevenus des enfants, lorsqu'ici et ailleurs nous jouions à nous renverser dans une prairie et à nous serrer, à nous emprisonner l'un dans l'autre et à nous embrasser, emplis de la satisfaction délicieuse que l'on avait dans ce village où, une dernière fois, nous marchâmes ensemble avant de partir, main dans la main

Imprimé en France
ISBN 2-84871-316-X
Dépôt légal : 1er Trimestre 2004